BILAN DE LA SOCIOLOGIE FRANÇAISE CONTEMPORAINE

Célestin Bouglé

Copyright © 2022 by Culturea
Édition : Culturea 34980 (Hérault)
Impression : BOD - In de Tarpen 42, Norderstedt (Allemagne)
ISBN : 9782382743225
Dépôt légal : Octobre 2022
Tous droits réservés pour tous pays

Avant-propos

« Bilan de la sociologie française contemporaine », le programme paraîtra sans doute ambitieux, les champs où glaner trop vastes. Il est certain que si nous voulions relever seulement tout ce que les savants français ont pu faire, depuis la guerre, pour avancer sous une forme ou une autre la connaissance des sociétés humaines, il y faudrait une longue série de volumes de la taille de celui-ci.

Mais il importe de distinguer, et de préciser dès l'abord notre objet. Nous nous plaçons délibérément au point de vue adopté par la sociologie proprement dite, telle qu'elle nous paraît définie le plus nettement par l'équipe des chercheurs groupée dans l'*Année Sociologique* autour d'Émile Durkheim, lui-même continuateur, sur le terrain scientifique, d'Auguste Comte.

Que les sociétés humaines ne soient pas un empire dans un empire, que les faits qui s'y passent comme ceux qui se passent dans l'ordre de la nature soient eux-mêmes soumis à des lois, qu'en se livrant à une étude objective et comparative des divers types d'institutions, – des habitudes collectives qui se cristallisent en lois et coutumes, rites et techniques, et s'ordonnent autour d'un certain nombre de représentations impératives – on puisse mieux comprendre comment s'organisent, comment vivent ces êtres spéciaux que sont les groupes humains, tels sont les principaux postulats de cette École. Et il nous semble que ses membres ont commencé, par les résultats généralisables de leurs recherches, à en démontrer la fécondité.

Est-ce à dire qu'ils aient découvert une autre Amérique, labouré des terres totalement inexplorées ? Bien loin de là. Le sociologue travaille le plus souvent sur du défriché. Des chercheurs qui ne se réclament pas de ses principes ont passé avant lui sur les sujets où il s'arrête. On n'a pas attendu le mot composé et lancé comme un signal par Auguste Comte pour réfléchir sur les aspects sociaux du droit, de l'économie, de la religion. Ainsi des disciplines spéciales se constituaient dont les fidèles, chacun partant de son point de vue, se construisaient une idée de la vie d'ensemble des groupements humains, des types qu'on y peut distinguer, des lois qui les gouvernent. Ainsi s'ébauchait une sorte de sociologie spontanée, ou si l'on veut inconsciente, capable non seulement de rassembler des faits, mais de formuler des thèses utilisables.

Mais n'y a-t-il pas intérêt à ce que la sociologie devienne à son tour consciente et méthodique ? Si elle se représente nettement les ensembles dont elle veut expliquer la vie, n'y a-t-il pas plus de chances pour qu'elle ordonne mieux et amène à converger les résultats des recherches spéciales ? Qu'il s'agisse des faits étudiés par l'histoire comparée des religions, ou par la science du droit, ou par l'économie politique, on ne peut, rappelait Durkheim dans un chapitre de la *Science française,* « les comprendre que si on les met en rapport les uns avec les autres, et avec les milieux collectifs au sein desquels ils s'élaborent et qu'ils expriment ». C'est sur ce précepte de méthode que ses collaborateurs ont insisté avec le plus de force, protestant que la sociologie, pour ne pas demeurer une philosophie en l'air, a besoin des recherches spéciales, mais établissant qu'à son tour elle peut les servir en leur offrant des centres de ralliement.

Nous nous placerons, dans les revues qui vont suivre, sur la ligne de jonction entre sociologie spontanée et sociologie méthodique. Et nous essaierons de préciser ce que celle-ci ajoute à celle-la par un certain nombre d'exemples, – qu'il s'agisse de psychologie ou d'ethnologie, de géographie humaine ou d'histoire, de science du droit ou d'économie politique.

Série d'échantillons sans doute. Mais nous espérons qu'ils permettront au lecteur, mieux que des dissertations abstraites, de se représenter le rôle de stimulant qu'a pu jouer et que peut jouer encore, en France, la sociologie proprement dite.

Célestin Bouglé

Chapitre I

Sociologie et psychologie

On a pu croire naguère, lorsque la sociologie française cherchait à se tailler son domaine et dressait son programme de travail, qu'elle aussi, selon la formule fameuse, se poserait en s'opposant, et qu'en particulier elle voudrait réduire à la portion congrue la science qui, traditionnellement, semblait détenir la clef du monde humain, la psychologie. L'étude objective des institutions, en nous révélant, du dehors, les conditions de vie des êtres sociaux, allait-elle donc rendre inutile cette connaissance des âmes par le dedans, où tant de penseurs français avaient brillé ? Moralistes à la manière d'un Pascal, d'un La Rochefoucauld, d'un Vauvenargues, habiles à sonder les replis du cœur, spiritualistes disciples et émules de Victor Cousin, que l'analyse des facultés conduisait à l'affirmation des principes et qui au fond du puits de la conscience retrouvaient toute la métaphysique, les uns et les autres avaient acquis à notre pays un indiscutable renom. On répétait volontiers que la France aimait la psychologie et y excellait. La sociologie, pour se constituer, ferait-elle bon marché de cette tradition ?

Ce qui l'avait donné à penser, sans doute, c'était d'abord l'attitude du parrain de la sociologie envers la psychologie. On sait qu'Auguste Comte ne laisse à celle-ci aucune place dans sa classification des sciences, et qu'il n'a que railleries pour les apologistes de l'introspection. En s'observant eux-mêmes, ils croient entrer tout droit dans un monde intérieur, vestibule d'un monde supérieur. En réalité, ils ne font que retarder le moment où la pensée deviendra enfin homogène en appliquant à tous objets, à ceux du règne humain comme aux autres, les mêmes méthodes d'observation objective. Il appartient justement à la sociologie, en se constituant comme une science positive à l'instar de ses sœurs aînées, de chasser de leur dernier retranchement ces fantômes métaphysiques.

Émile Durkheim, le véritable héritier d'Auguste Comte sur le terrain de la recherche scientifique, n'est pas moins désireux d'exorciser la métaphysique, ni moins dédaigneux à l'égard de l'introspection. Le sociologue qui s'y fierait ne pourrait que nous livrer ses idées personnelles, non des vérités objectives. Si l'on veut se débarrasser enfin des prénotions, en cette matière aussi il importe d'apprendre à traiter les faits sociaux « comme des choses » et à les observer « du dehors ». Ajoutons que, joignant l'exemple au précepte, Durkheim, dans sa thèse sur la Division du Travail, cherchait les raisons dernières du développement que lui ont vu prendre nos civilisations, non pas dans tel ou tel mobile du cœur humain, mais dans la forme même de nos sociétés, dans des faits de morphologie sociale – accroissement de volume, de densité, de mobilité, accessibles à l'observation externe. De là à conclure que l'auteur des *Règles de la Méthode sociologique* prétendait expliquer l'intérieur par l'extérieur, le supérieur par l'inférieur, qu'en dédaignant la psychologie il portait de l'eau au moulin du matérialisme il n'y avait qu'un pas qui fut vite franchi.

On se rend compte aujourd'hui que sous les antithèses ainsi exploitées subsistait un bon nombre d'équivoques. La sociologie nie la psychologie ? Formule simpliste. Elle ne saurait convenir, – M. Ch. Blondel l'a lumineusement démontré dans son *Introduction à la psychologie collective* – ni à Auguste Comte, ni à Émile Durkheim. En réalité c'est à une certaine psychologie qu'ils en veulent. Le fondateur de la Philosophie positive se défiait d'une psychologie qui ne faisait confiance qu'à l'observation de l'individu par lui-même, pour aboutir à une métaphysique éclectique qu'il jugeait surannée : c'est aux « philosophes classiques » de son temps qu'il en avait, à ceux-là même que Taine devait pourfendre avec tant d'énergie.

Ce n'est pas à dire pourtant qu'il considérât les faits de conscience comme des phénomènes sans importance, comme des « épiphénomènes ». Bien loin de là. N'est-ce pas lui qui déclare que « tout le mécanisme social repose en dernière analyse sur des opinions » ? Opinions et désirs, théories et sentiments sont à ses yeux des forces motrices de la plus grande efficacité. Ce qui reste vrai, c'est que le développement des phénomènes haut placés dans la hiérarchie a ses conditions dans les phénomènes plus simples qui les précèdent. En ce sens la psychologie ne saurait en effet se passer de la biologie. Et l'on sait que Comte, séduit par les théories de Gall, a paru croire que l'on pourrait découvrir dans les diverses parties du cerveau le siège des diverses facultés de l'homme. Mais en dehors de la théorie qui passe, le précepte de méthode reste. Comte est un de ceux qui, réagissant contre l'introspection des spiritualistes, ont ouvert les voies à la psychologie physiologique. Seulement il n'a jamais cru que cette psychologie fût la seule possible, ni qu'elle tînt dans ses mains toutes les explications. Ce dont l'homme est capable, on ne peut l'apprendre que par l'histoire. Le développement de la civilisation est nécessaire à l'épanouissement des facultés supérieures. C'est dans ce grand livre qu'il faut lire, en « expliquant l'homme par l'humanité ». Ce qui revient à dire qu'à côté de la psychologie physiologique il importe de réserver une place, et très large, à la psychologie sociale.

Il n'est pas moins inexact de taxer Durkheim de matérialiste, comme s'il déniait tout prix aux faits de conscience. Dans un article sur *les représentations individuelles et les représentations collectives*, il a pris la précaution de noter ce qu'avait d'inadmissible à ses yeux la théorie de la conscience épiphénomène, qui, assimilant les faits de conscience aux lueurs qui se dégagent d'une locomotive en marche, paraît admettre dans l'ordre psychique des faits sans effets. Il a relevé l'autonomie relative des idées par rapport à leurs antécédents ou leurs concomitants physiques ; il a signalé que toute la vie de l'esprit suppose des synthèses, génératrices de propriétés nouvelles, incompatibles avec les postulats de l'atomisme associationniste dont on s'est longtemps contenté. Si après cela il nous demande de traiter les faits sociaux comme des choses et de les observer du dehors, c'est pour nous apprendre à nous défier des prénotions, des idées toutes faites que chacun de nous trouve en lui-même et qui traduisent ses préférences bien plus que la réalité elle-même. Des institutions comme le mariage, ou comme les Églises, ou comme l'échange, non seulement revêtent des formes diverses que nous n'aurions pas inventées, qu'il nous reste à constater dans l'histoire, mais elles répondent à des besoins, elles remplissent des fonctions qu'on ne saurait comprendre en partant du moi tout seul : il y faut la considération des ensembles. Cela ne signifie pas pour autant que ces ensembles soient purement matériels ; si un certain nombre de choses s'incorporent dans les sociétés – bâtiments, routes, aménagements divers de la nature – les sociétés elles-mêmes sont essentiellement des liens d'homme à homme, et des liens qui ne sont pas tous visibles. Même séparés par la distance, les individus sont membres d'une même société s'ils partagent un certain nombre d'idées, de sentiments, d'aspirations. C'est ce noyau spirituel qui est l'élément constitutif d'une association. « Tout ce qui est social consiste en représentations, déclare Durkheim dès ses premiers ouvrages, par conséquent est un produit de représentations. » Et plus tard, lorsqu'il aura mis en pleine lumière la force associante des croyances, singulièrement plus pesante, à ses yeux aussi, que les intérêts matériels, lorsqu'il aura montré à l'œuvre les *jugements de valeur*, par lesquels la vie morale des collectivités se manifeste et s'entretient, il introduira un lien de plus en plus étroit entre la notion de la société et la notion d'idéal. Il ira jusqu'à dire que la principale fonction des sociétés est de créer de l'idéal. Tant il est loin de nier ni la réalité ni la valeur de la vie spirituelle.

Seulement, pour comprendre d'où elle vient et où elle va, ses origines et ses fonctions, il importe de se représenter non pas seulement l'effort de l'individu sur lui-même, mais l'action de tous sur chacun. Il faut faire entrer en compte ce qui naît du rapprochement des consciences ; ce sont des forces spirituelles originales, dont l'individu, en se repliant sur soi, ne pouvait prévoir le développement. Ici l'on voit à l'œuvre une notion pour Durkheim capitale, qu'il dit lui avoir été rappelée par Renouvier, qu'un Hegel déjà avait souvent utilisée ; l'idée que dans le tout il y a plus que la somme des parties, qu'un changement quantitatif entraîne un changement qualitatif. N'était-ce pas au surplus une idée que le progrès de la chimie rendait familière à tous ? La synthèse implique que la combinaison des éléments fait apparaître des propriétés inédites que l'analyse des éléments isolés n'eût pas permis de découvrir. Cette analogie est une maîtresse-pièce de la pensée de Durkheim. S'il nous invite à nous défier de l'introspection, analyse du moi par lui-même, c'est justement pour nous préparer à constater, dans les faits, les conséquences de la substitution d'un « nous » à un « moi », les effets de cette synthèse qu'est l'association. Les représentations dont la vie spirituelle de l'association est tissée, les représentations collectives, sont donc dans le même rapport avec leurs éléments composants, les individus, que les représentations individuelles elles-mêmes avec les cellules cérébrales : et la même autonomie relative que nous accordons aux représentations individuelles, il faut la reconnaître aux représentations collectives. Ce qui revient à dire que celles-ci méritent une étude à part, qui nous renseigne sur la façon spéciale dont elles se comportent. L'analyse réflexive ne saurait suffire à nous révéler ces manières d'être. Et c'est pourquoi l'on a vu Durkheim, après Comte, dénoncer les insuffisances de la psychologie classique. Ce qui ne veut pas dire du tout qu'il conçoive la sociologie sans psychologie. La sociologie implique à ses yeux une psychologie nouvelle, qui aurait pour ventre l'observation de la conscience collective.

Mais n'était-ce pas, sous prétexte d'enrichir la psychologie, créer tout simplement une nouvelle ontologie ? Cette conscience collective, qu'est-ce autre chose qu'une abstraction réalisée, une de ces entités que pourchassait justement Auguste Comte ? L'objection a été reproduite sous mille formes. Et elle a été le point de départ d'un duel célèbre entre les deux penseurs dont, les bustes dominaient la sociologie française à la fin du siècle dernier : Gabriel Tarde est parti en guerre contre Émile Durkheim.

Gabriel Tarde est, l'auteur de ces *Lois de l'Imitation* dont Taine lui disait : « C'est la clef qui ouvre toutes les serrures. » Et en effet, qu'il s'agisse de rites religieux, d'obligations juridiques, de pratiques économiques, Tarde pense expliquer toutes les unanimités qu'il rencontre par des propagations. Un monde de croyances et de désirs passe d'âme à âme, les associant, par cela même qu'il les assimile. Mais quel est le point de départ, du mouvement ? Une idée germée dans un cerveau, une initiative personnelle, une invention. Nul besoin donc, pour expliquer les similitudes dont les sociétés vivent, d'attribuer au groupe lui-même on ne sait quelle mystérieuse influence. Tout part de l'individu. Tout passe d'individus en individus. Observons cette circulation : c'en est assez pour comprendre toutes les associations. L'analogie dont semble ici s'inspirer Tarde, ce n'est pas celle de la *synthèse*, empruntée à la chimie, c'est celle de la *contagion*, empruntée aux sciences biologiques. Et « l'interpsychologie » lui paraît constituer le tout de la psychologie sociale.

Est-ce à dire que Tarde s'en tienne aux positions classiques et méconnaisse la nécessité d'élargir le champ de la psychologie pour rendre compte de ce qui se passe dans les sociétés ? Bien loin de là.

Et M. Ch. Blondel a pu montrer, rapprochant à plaisir les adversaires d'hier, que sur plus d'un point les thèses de Tarde coïncidaient avec celles de Durkheim. Par exemple Tarde attribue à « l'Esprit social » des fonctions et des catégories distinctes de celles qu'il attribue à « l'Esprit individuel ». Tarde reconnaît que la vie sociale est « l'alambic mystérieux » où s'élaborent les originalités personnelles elles-mêmes. Tarde encore proclame que l'homme est un être social greffé sur un être vital : « Notre moi s'allume, comme une flamme électrique, au point de rencontre de deux courants différents et combinés, le courant vital et physique d'une part, le courant social de l'autre. » Tous thèmes qui se retrouveront, abondamment développés, dans le sociologisme durkheimien.

Il n'en reste pas moins que celui-ci est caractérisé par la grande place qu'il accorde à la notion de conscience collective. C'est sur cette notion que s'arrête et que bute, pourrait-on dire, l'attention des lecteurs. Et puisque nous pouvons constater expérimentalement qu'il en est bon nombre qu'elle inquiète, qu'elle détourne de la sociologie (V. à ce propos l'étude critique de M. Roger Lacombe sur la *Méthode sociologique de Durkheim*), il nous faut essayer d'abord de tirer cette notion au clair, en précisant les services qu'on en a pu attendre.

Lorsque Durkheim, dans son livre sur le *Suicide,* discute la théorie de Tarde sur l'imitation, c'est dans la « psychologie des foules » qu'il prend son point de départ. Si une masse d'hommes se laisse entraîner par une émotion commune, l'honneur en devrait revenir, selon la théorie de Tarde, à tel ou tel meneur dont l'éloquence réussit à faire partager son sentiment au groupe. Mais à y regarder de près on s'aperçoit qu'il y a aussi action du groupe sur le meneur, et action des auditeurs les uns sur les autres. Du rapprochement même des hommes résulte une sorte d'effervescence, une exaltation qui enlève à l'individu le contrôle de lui-même, et le dispose à se laisser traverser par le courant collectif. Il y a là une force psychique qu'aucune initiative individuelle ne suffit à expliquer.

Hâtons-nous de le remarquer : le cas des foules est le moins favorable à la théorie durkheimienne. La foule est le plus bas degré de la société, les rapports entre ses éléments, qui peuvent d'ailleurs être hétérogènes, n'étant pas définis. La foule est par définition la société la moins organisée. Au contraire, partout où une organisation se fait jour, partout où des rapports plus ou moins permanents sont institués entre des individus, – qu'il s'agisse d'une armée, d'une Église, d'une nation – les idées, les volitions, les tendances qui se retrouvent les mêmes dans les esprits des associés se multiplient : le stock des états de conscience communs augmente de volume. D'ailleurs ces états de conscience ne sont pas seulement les mêmes en fait : on veut qu'ils soient les mêmes. Un effort est dépensé, des mesures sont prises, des sanctions prévues pour que soient maintenues les traditions caractéristiques du groupe. Par la pression qu'il exerce, sous des formes variées, s'expliquent les similitudes que l'on constate. Et cette pression est tout autre chose que la pure et simple imitation d'un individu. Elle décèle la présence d'une certaine force spirituelle *sui generis* qui tend à modeler les âmes.

Mais cette force elle-même est-elle une âme ? La société constitue-t-elle une personnalité ? Est-il permis à son propos de parler de conscience ?

La réponse dépend évidemment, au premier chef, de ce qu'on met sous ces notions de conscience, de personnalité, d'âme. Durkheim, aussi opposé que Comte à la philosophie substantialiste, n'a nullement la prétention de louer la conscience collective dans une substance séparée. Il se défend de lui chercher d'autres sièges que les consciences individuelles ; mais les consciences individuelles unies entre elles par certains rapports. Que ces rapports soient eux-mêmes des causes, c'est au fond ce qu'il importe de comprendre. Parce qu'ils sont des causes il ne suffit pas d'analyser ce qui se passe dans un des éléments pris à part, dans une conscience individuelle, pour deviner le comportement de l'ensemble. Ces états de conscience communs aux membres d'un groupe ne sont pas seulement un stock, à vrai dire, un capital inerte : ils agissent et réagissent les uns sur les autres, ils constituent, coordonnés entre eux, un système et un système agissant, dont les tendances se défendent par des institutions. Pour comprendre les conditions de cette vie propre il ne saurait suffire que nous nous penchions sur nous-même. Il importe que chacun consente à sortir de lui et à observer « du dehors », dans les faits rapportés par l'histoire, l'ethnographie, la statistique – et spécialement dans le mouvement, des institutions – les tendances réelles des sociétés. C'est là ce que doit nous rappeler avant tout l'idée de la conscience collective. Idée directrice, elle conserve en tout état de cause la valeur d'une hypothèse de travail : elle nous met en garde contre les explications prématurément individualistes, auxquelles prête tout naturellement l'analyse réflexive. Qu'après cela il nous soit difficile – pour nous dont les sens ne saisissent que des êtres séparés et dont la conscience ne connaît qu'un être personnel – de nous représenter le mode de vie et d'action de la conscience collective, nul n'en doute. Mais serait-ce la première fois, en science, qu'une force dont l'imagination se représente difficilement le mode d'existence et d'action joue un grand rôle ? Si nous pouvons seulement dire que tout se passe comme si une conscience collective présidait, aux destinées d'une nation, d'une Église, d'une corporation, c'en est assez pour que la notion soit un guide utile à la recherche.

À une condition pourtant, c'est que cette même notion, de stimulante, ne devienne pas paralysante. Elle nous a aidés, disions-nous, à sortir de nous-mêmes, à comprendre qu'il faut observer les faits objectivement, pour nous expliquer la vie des sociétés. Mais se borner à affirmer : « la conscience collective le veut » ne serait-ce pas aussi un regrettable arrêt dans la recherche explicative ? Cette autorité qui s'exerce sur chacun de nous, il n'est pas impossible de préciser de quels moyens elle use, ni même comment elle a constitué la réserve de forces où elle puise. Une Nation, une Église, une corporation ont une histoire où nous pouvons voir se former le système d'idées au nom duquel elles commandent. Les résultats d'une pareille analyse ne seraient nullement à dédaigner pour le sociologue. Si surtout il veut distinguer nettement conscience collective et inconscient collectif, il rencontre sur sa route plus de questions que de solutions. Pour que les idées directrices d'une société passent en effet de la pénombre à la clarté, pour qu'elles deviennent « conscientes », il y a toutes sortes de mesures à prendre et d'institutions à combiner. Les difficultés mêmes de l'opération nous avertissent que la conscience collective n'est pas un donné tout fait : elle est un produit historique dont toutes sortes d'analyses convergentes peuvent nous aider à comprendre la genèse.

Il n'en reste pas moins qu'en lançant dans la circulation l'idée de conscience collective, le sociologisme ouvrait des voies nouvelles à la recherche. Il soulignait l'insuffisance des réflexions consacrées au seul inventaire de consciences individuelles. Il préparait à sa façon le renouvellement, l'enrichissement de la psychologie.

Veut-on des preuves de cette action fécondante ? On en pourrait trouver dans les travaux de beaucoup de nos psychologues d'aujourd'hui et notamment dans l'œuvre d'une équipe : le *Traité de Psychologie* que G. Dumas a composé avec la collaboration d'une vingtaine de spécialistes. Le Traité est dédié à la mémoire de Th. Ribot dont l'influence s'est exercée sur la plupart de ces chercheurs. En les mettant au courant des résultats obtenus par la *Psychologie anglaise* et la *Psychologie allemande contemporaines,* grâce à l'emploi des observations objectives et des méthodes expérimentales, il les avait détournés de s'en tenir à l'analyse des données de la conscience chères à la tradition spiritualiste. Sans méconnaître la nécessité de l'introspection il en avait proclamé l'insuffisance. Il s'était plaint, dans une formule restée fameuse, que l'on se bornât trop souvent à étudier « l'homme blanc, adulte, civilisé ». Il rappelait par là qu'il y avait divers types de mentalité et qui pouvaient varier selon les milieux sociaux. Il admettait enfin que si la vie psychique a sa racine dans la structure biologique, elle ne s'épanouit que dans la société.

C'est dire que Ribot tendait une main aux sociologues et que, sous les auspices d'Auguste Comte, la conjonction devait s'opérer facilement, dans l'esprit d'un grand nombre de psychologues contemporains, entre l'influence de Ribot et celle de Durkheim.

De fait, les collaborateurs du *Traité* se gardent bien d'oublier les soubassements physiques de la vie psychique. Ils rappellent que le psychologue, pour comprendre comment se concentre l'attention, comment se perd la mémoire, comment se dissout la volonté, doit savoir comment se différencient ou s'associent les cellules nerveuses, et escompter l'influence que telles ou telles sécrétions exercent sur nos réactions. Mais ils accordent en même temps que, du moins pour les formes supérieures de la vie psychique, si l'on veut s'expliquer l'orientation de nos tendances ou le développement de nos facultés, c'est du côté de la société qu'il faut regarder : c'est par la société qu'il faut expliquer. Ainsi le *Traité de Psychologie* semble coudre ensemble deux lais d'étoffes : les unes tissées par la physiologie, les autres par la sociologie.

La part faite aux deux types d'explication varie, naturellement, selon les chapitres de la psychologie. Il en est où l'on voit avec une clarté spéciale et comment ils se distinguent et comment ils coopèrent. Darwin avait étudié l'expression des émotions en biologiste finaliste. Qu'il s'agît de la colère ou de la peur il expliquait les gestes ou les jeux de physionomie par le principe des habitudes utiles : telle contraction, par exemple, préparait l'agression, ou la fuite. G. Dumas conteste ce principe ou du moins il établit qu'on en fait une application trop large. Des décharges motrices diffuses, la propagation d'une onde d'excitation dans le sens de la moindre résistance, un relâchement musculaire dû à l'hypotonus lui paraissent raisons suffisantes des mouvements naturels qui accompagnent la joie ou la tristesse, actives ou passives, et leurs variétés. Étant donnée la structure de nos nerfs et de nos muscles, nos émotions devraient produire, automatiquement, tel changement dans notre attitude. Ainsi ce sont des explications mécanistes que G. Dumas substitue aux explications finalistes de Darwin. Est-ce à dire pour autant que la mécanique physiologique ait seule, ici, son mot à dire ? Bien loin de là gestes et jeux de physionomie ne deviennent vraiment des expressions d'émotions, ils ne constituent un langage que lorsque la société y attache un sens. Et elle est capable de modeler la matière que la physiologie lui apporte, d'ajouter aux réflexes des habitudes, de choisir entre les gestes possibles pour inhiber les uns ou amplifier les autres. En un mot une mimique intervient ici qui opère de véritables « socialisations des gestes ». Elle est capable d'ajouter aux réflexes de la peur, des gestes symboliques de protection, de soumission ou d'imploration. Elle peut, dans certains pays, attribuer aux larmes la signification d'une joie, celle qu'on éprouve à retrouver des amis (ce sont les « larmes de bienvenue »). Ailleurs elle associe le sourire à la douleur stoïquement supportée. Au surplus, qu'on observe seulement les jeux de physionomie des aveugles, privés ici des leçons de la société : leur gaucherie suffit à nous prouver que notre mimique est pour grande part une œuvre d'éducation sociale. Si l'on se rappelle les liens étroits établis entre l'expression des émotions et les émotions elles-mêmes, on conviendra que, par cette voie déjà, la société peut exercer une action profonde sur l'individu.

C'est ce que Gustave Belot, l'auteur de tant de pénétrantes études sur la *morale positive*, s'employait à démontrer dans la première édition du *Traité*, à propos des sentiments complexes. Qu'il s'agisse des émotions esthétiques, religieuses, morales, on découvre toujours que les éléments sur lesquels elles s'appuient tiennent directement ou indirectement à la vie sociale. « Danse, chants, ornements de la personne et des objets, règles de conduite communes, tabous et obligations ; cultes, mythes et rites, tous ces faits ont leur matière essentielle dans la vie et la pensée collectives. » Or, sans des points d'appui de ce genre, nos sentiments supérieurs ne sauraient prendre leur essor. Ils pourront bien, dans la suite des temps, s'individualiser de plus en plus. L'esthète savourera ses admirations dans la solitude. Le mystique entre en contact direct et tout personnel avec son Dieu. L'honnête homme en arrive à placer ses devoirs envers lui-même au-dessus de tout. Ni les uns ni les autres n'auraient pu inventer seuls ces attitudes intérieures. L'épithète de naturelles ne saurait leur convenir. Elles sont les produits d'une culture. Un milieu fournit toujours à nos sentiments le noyau représentatif sans lequel ils se volatiliseraient.

L'ingénieux psychologue qu'est M. Paulhan, dans son livre sur les *Transformations des sentiments*, nous invitait à mesurer, en face des impulsions organiques, la croissante complication de notre vie affective ; qu'on songe seulement, observait-il, à la distance qui sépare un repas bien ordonné de l'ingurgitation, ou l'amour courtois de l'accouplement. Mais dans ces complications, M. Paulhan distinguait deux formes : spiritualisation et socialisation. Ici, des systèmes qui lient les individus par des réseaux de traditions ou de conventions. Là, des systèmes qui lient des idées, et permettent des synthèses d'éléments représentatifs de plus en plus nombreux. Mais ceci ne se mêle-t-il pas toujours à cela ? Les deux formes de systématisation – l'intérieure et l'extérieure – ne sont-elles pas toujours en étroits rapports ? Peut-on concevoir une vie spirituelle qui se complique sans l'appui d'une civilisation ? Telle est du moins l'ambition explicative de l'école proprement sociologique : elle entend unir les deux termes que M. Paulhan maintenait distincts : la spiritualisation à ses yeux suppose toujours une socialisation. Et ainsi elle ne nierait nullement – contrairement à ce que certains critiques ont parfois laissé entendre – ce dualisme de la nature humaine affirmé par tant de religions et de philosophies. Elle reconnaîtrait au contraire que structure et fonctionnement, de l'organisme individuel sont bien loin d'expliquer tout ce qui se passe en nous. Elle serait donc spiritualiste à sa manière. Mais à sa manière en effet : puisqu'elle chercherait à fournir, des sentiments qui distinguent l'homme, une explication positive en étudiant les actions et réactions des individus les uns sur les autres, et en observant les appuis que leur offrent, comme les pressions que leur imposent, les groupements qu'ils constituent.

Passe pour les sentiments, dira-t-on : on conçoit que l'homme, lorsqu'il s'agit d'émotions, d'inclinations, de passions, se laisse porter par des courants qui le débordent. Mais la vie intellectuelle supérieure entre-t-elle en jeu ? L'heure est-elle venue de comprendre le monde et de le dominer en nous dominant nous-même ? La raison, la volonté bandent leurs ressorts intérieurs pour une lutte directe avec la nature. Que vient faire ici la société ?

Durkheim pourtant tente lui-même l'assaut de ces hauteurs, – Durkheim que Jules Romains, poète de la sociologie, a appelé le Descartes de l'unanimisme. Ce Descartes esquisse une théorie de la raison qui serait un renouvellement de l'empirisme. Au lieu d'expliquer la formation des concepts, des catégories, des principes qui gouvernent nos jugements et raisonnements par une sorte de dépôt que laisserait en nous le monde extérieur, il l'expliquerait par l'interposition de ce médiateur plastique qu'est le monde social.

Nous verrons plus loin, en précisant ce que la sociologie doit à l'ethnologie, sur quels exemples, pour la plupart empruntés aux sociétés primitives, Durkheim fondait cette théorie. Ne retenons ici que le résultat qu'il attend de son induction. La psychologie en serait renouvelée, pense-t-il, jusque dans la partie de ses études qui s'applique aux facultés supérieures : il ne s'agirait de rien de moins ici que de nous faire assister à une genèse de la raison.

On devine combien de recherches et de théories ce néo-empirisme peut suggérer au sujet de ces facultés de l'esprit, que l'école classique considérait le plus souvent comme des données qu'il suffisait d'analyser. Deux adeptes de l'école sociologique en ont fourni des exemples, en défendant des thèses qui n'ont pas laissé d'étonner : M. Halbwachs à propos de la mémoire (Les Cadres sociaux de la mémoire), M. Blondel à propos de la volonté (chapitre sur les Volitions du t. II du Traité de Psychologie, 1re éd.).

On ne se souvient que de soi-même, répétait-on naguère. Et la formule semblait indiquer que lorsqu'il se souvient, l'homme se livre à un effort tout personnel : avec la lampe secrète il descend les marches de l'escalier intérieur ; il n'est jamais plus seul que lorsqu'il se remémore son expérience propre. M. Halbwachs prend le contre-pied de ces thèses familières. Une opposition tranchée entre le souvenir et le rêve est le point de départ de sa démonstration. M. Bergson paraît croire que le rêve, nous soulageant et nous détournant de l'action sociale et de toutes les conventions qu'elle comporte, nous permet de ressaisir directement notre passé. Mais M. Halbwachs fait observer que dans le rêve défilent, des images que nous ne saurions le plus souvent dater, ni localiser, ni même rapporter à nous-mêmes. Le souvenir proprement dit suppose un autre effort de reconstruction. Bien loin de saisir directement, par les intuitions du rêve, notre passé tout fait, nous le rééditions à grand'peine. Et c'est pour cette opération complexe que la société nous offre matériaux et points d'appui de toutes sortes. « Tous les souvenirs, si personnels soient-ils, même ceux des événements dont nous seuls avons été les témoins, même ceux de pensées et de sentiments inexprimés, sont en rapport avec un ensemble de notions que beaucoup d'autres que nous possèdent, avec des personnes, des groupes, des lieux, des dates, des mots et formes de langage, avec des raisonnements aussi et des idées, c'est-à-dire avec toute la vie matérielle et morale des sociétés dont nous faisons ou dont nous avons fait partie. »

Reprenant et amplifiant ici les indications de Taine sur les jalons dont se sert la mémoire, M. Halbwachs fait observer qu'ils nous sont fournis par le milieu social. Les mots dont nous nous servons pour cristalliser nos souvenirs, les dates entre lesquelles nous les insérons, les grands événements historiques qui scandent notre vie personnelle, autant de « cadres sociaux », autant de choses qui intéressent les groupes et supposent l'action de leurs traditions. Appartenir à une famille, à une Église, à une classe, c'est précisément posséder en commun avec un certain nombre d'individus un lot d'idées caractéristiques. Et faire abstraction, pour comprendre le fonctionnement de la mémoire, des groupes qui dominent et alimentent l'individu, c'est se priver à plaisir de la plus riche des sources d'explication.

Plus audacieuse encore, sans doute, paraîtra la thèse de M. Ch. Blondel sur la volonté. La volonté est le plus souvent présentée comme l'expression de la personnalité dans ce qu'elle a de plus indépendant et de plus interne. Qu'il s'agisse de sauter du lit ou de choisir une profession, le *Fiat* dont parle William James suppose, semble-t-il, une réserve d'énergie spirituelle tout intérieure. Et le conseil suprême d'Emerson, de son côté, ne pourrait-il être ainsi traduit : « Pour s'affirmer, se détacher » ? M. Ch. Blondel a entrepris de remonter cette pente. Pour lui une volonté tout intérieure ne serait pas une volonté. Un acte volontaire tend toujours à s'extérioriser, à agir sur le monde matériel, et il n'agit sur le monde matériel que par l'intermédiaire d'un monde social. Or celui-ci ne fournit pas seulement à l'individu des moyens d'exécution, des outils, des techniques : il lui impose des consignes, il lui suggère un idéal. Et c'est justement la présence de ces représentations collectives qui distingue l'activité volontaire de l'activité instinctive, comme elle distingue l'homme de l'animal. « Il n'est d'humanité, d'activité proprement humaine, de volonté particulièrement et d'activité volontaire que pour autant que des commandements dont, quelle qu'en soit l'origine, le caractère commun est de dépasser l'individu et de s'imposer à lui, s'interposent entre les nécessités de la vie, les exigences de la matière et les réactions de l'organisme. » Pour le commun des hommes, il n'est pas douteux que ces impératifs collectifs aident à préférer, quand besoin est, la ligne de la plus grande résistance aux passions et aux instincts. Mais l'élite elle-même – celle des héros de Carlyle – est obligée de tenir compte de ce système de concepts. Elle le refond sans doute, le refrappe à sa manière, mais elle sait elle aussi formuler en concepts ses tendances pour leur donner une valeur courante, pour les socialiser. Elle invoque elle aussi, pour justifier son action, des principes de portée virtuellement universelle. Bien plus, les réfractaires, ceux qui disent non à la société, ne font-ils pas souvent appel, pour rationaliser leur conduite, à des préoccupations idéales ? N'invoquent-ils pas à leur tour des principes ? C'est dire que l'homme qui lutte, qui déploie son énergie contre lui-même aussi bien que contre d'autres, cherche normalement un mur où s'adosser. Et il n'est certes pas sans intérêt, pour se représenter comment s'effectue ce déploiement, d'étudier en psycho-physicien les conditions organiques de la volition et ses rapports avec le réflexe. Mais on ne comprendrait pas ce que la volition ajoute à l'activité automatique si l'on oubliait le réservoir d'énergies spirituelles que constitue la société.

La psychologie pathologique apporte ici à la psychologie sociologique un secours inattendu.

Quel est, selon M. Blondel, le caractère principal de cette *conscience morbide* dont il a si soigneusement observé, chez un certain nombre de malades, les manifestations ? C'est qu'elle est incapable de « conceptualiser », de parler le langage commun, d'invoquer des idées pour contrôler les impressions. Ces malades vivent penchés sur eux-mêmes; attentifs aux seules modifications de leur cœnesthésie, ils s'épuisent à l'analyser. Ils s'absorbent en émotions ineffables, incommunicables. Ils deviennent de plus en plus incapables de se dominer, de vouloir, par cela même qu'ils ont coupé les ponts entre leur sensibilité et la vie du groupe. Dans cette théorie, commentaire inattendu du *vae soli*, le demi-fou apparaît essentiellement comme un insociable. Le conseil qu'il faudrait lui donner est celui qu'Amiel se donne à lui-même pour retrouver l'équilibre : « revenir parmi les hommes ».

M. Pierre Janet, dans ses profondes études sur *Les Obsessions et la Psychasthénie*, aime à distinguer les degrés de « tension » dont l'homme est capable. L'exercice de « la fonction du réel », la présence à la vie, la capacité de s'adapter aux faits caractérisent à ses yeux l'individu sain. M. Blondel est bien loin de méconnaître l'intérêt de ces analyses. Mais si l'on veut comprendre ce qui distingue la volonté, il faut les compléter elles-mêmes en faisant appel aux représentations collectives et à l'action régulatrice qu'elles exercent sur les consciences individuelles. Ces valeurs débordent étrangement les mouvements cérébraux qui les sous-tendent. C'est faute de pouvoir entendre ces appels supra-organiques que les psychasthéniques sont abouliques. Ils ne savent pas profiter du système de « tuteurs » préparé par la société. « L'activité psycho-organique ne devient activité volontaire qu'à la condition de se sublimer pour ainsi dire sous l'action de représentations collectives. »

Mais demander ainsi à la société, à ses traditions, à ses institutions, des faits qui rendent compte de l'attitude de la volonté elle-même, n'est-ce pas finalement réduire à la portion congrue les explications qui tablent sur l'organisme, sa structure, son fonctionnement ? Tant de notions accumulées dans le tome I du *Nouveau Traité de Psychologie,* sur l'influx
nerveux ou les glandes endocrines, ne vont-elles pas perdre beaucoup de leur intérêt aux yeux du psychologue s'il se laisse attirer, absorber par la sociologie ? Les deux vagues que nous montrions gagnant du terrain, chacune de son bord, sur l'inconnu, pourraient bien se rencontrer, s'affronter ? Les deux équipes assemblées par le Dr Dumas se retourneraient alors l'une contre l'autre. Les partisans du déterminisme physiologique seraient amenés à dénoncer les prétentions « impérialistes » des partisans du déterminisme social.

C'est précisément ce qu'on a vu à propos d'une des questions les mieux étudiées par l'école de l'*Année sociologique.* Après Durkheim (*Le Suicide*), M. Albert Bavet et M. Maurice Halbwachs y ont consacré deux gros volumes (*Le Suicide et la Morale, Les Causes du Suicide*). M. Max Bonnafous en annonce un autre. Les auteurs sont bien loin, naturellement, d'être d'accord sur tous les points. Un thème pourtant leur reste commun. Et c'est l'idée que le taux des suicides, caractéristique des diverses sociétés – il n'est pas le même avant la guerre, en France, en Allemagne, en Angleterre, en Italie – s'explique par des faits de structure sociale. Les célibataires se suicident plus souvent que les gens mariés, les protestants plus souvent que les catholiques. C'est sans doute qu'aux premiers a manqué l'appui du groupe domestique, aux seconds celui d'une Église fortement disciplinée. Désencadrement, désintégration, absence d'un ordre qui maintienne chaque individu à sa place et le soutienne en lui fixant sa tâche, voilà la cause profonde de la tendance au suicide. Qu'on tienne compte ou non des motifs que les suicidés attribuent à l'acte qu'ils vont commettre – Durkheim en fait abstraction, M. Halbwachs y prête attention – qu'il s'agisse de pertes d'argent ou de chagrins d'amour, toujours on retrouverait au fond du cœur de ces malheureux un sentiment de vide social qui installe en eux une angoisse insupportable.

« Il n'y a rien qu'une pensée formée par la société soit moins capable de regarder en face que le vide social », déclare M. Halbwachs. Et encore : « La cause véritable du suicide, c'est le vide qui s'est fait autour du suicidé : s'il n'y avait pas de semblables lacunes, il n'y aurait pas de suicides. »

Ainsi présentée, la thèse n'a pas été sans éveiller un vif mouvement de scepticisme dans le camp de ceux qui, professionnellement, observent la tendance au suicide en tenant compte avant tout des conditions organiques qui la déclenchent : la psychiatrie s'est décidée à partir en guerre contre la sociologie. Dans sa *Psychologie pathologique du suicide,* le Dr Achille Delmas a mené cette campagne avec une grande vigueur. Déjà son maître, Maurice de Fleury, fort des 60.000 cas de maladies nerveuses qu'il avait pu soigner, écrivait dans l'*Angoisse humaine* : « La seule condition nécessaire au suicide c'est l'état d'angoisse, c'est-à-dire l'exaltation suprême de l'humaine émotivité » ; à ses yeux le suicide était toujours et partout affaire de pathologie mentale. Le Dr Achille Delmas est encore plus catégorique. À l'entendre, 90%, des suicides sont le fait de ces cyclothymiques chez qui la dépression nerveuse alterne avec l'exaltation : le reste est fourni par les hyperémotifs. Ce qui revient à dire que les suicides d'aliénés et de psychopathes, en qui Durkheim ne voulait voir qu'une minorité très particulière, n'exerçant aucune influence appréciable sur le taux des suicides caractéristiques de chaque groupement, constitueraient au contraire l'immense majorité, sinon la totalité des cas dénombrables. Conclusion : le suicide serait toujours la conséquence d'une maladie mentale, au moins momentanée.

Le déterminisme du suicide serait « un déterminisme essentiellement individuel », entendez : à base biologique. Et, en effet, devant les tares nerveuses dont le clinicien est à même de constater chaque jour l'existence et les effets, de quel poids pèsent les formes sociales, ou les représentations collectives, les institutions et les traditions que le sociologue invoque ? Les conditions extérieures peuvent bien fournir des prétextes aux psychopathes en mal de suicide : elles ne constituent pas la cause profonde de leur *taedium vitae*. Bien plus, s'il est vrai que certaines conditions extérieures favorisent la tendance au suicide, le psychiatre ne serait-il pas capable de déceler chez certains hommes le tempérament qui les pousse à se placer dans les dites conditions ? On nous affirme que les célibataires se suicident plus que les gens mariés. Or justement les déprimés constitutionnels, candidats-nés au suicide, n'ont guère la vocation du mariage. Les protestants, moins soutenus par l'organisation de leur Église, se suicident plus que les catholiques ? Mais, quand le grand schisme se propagea au début du XVIe siècle, il est probable que parmi les adeptes de la religion dite réformée, la proportion des cyclothymiques, toujours portés aux « migrations », fut sensiblement plus forte que parmi ceux qui restèrent fidèles au culte traditionnel. Par où l'on voit que la psychiatrie aurait réponse à tout et ne laisserait plus grand'chose à glaner aux sociologues.

Ceux-ci se débattent, comme bien l'on pense, contre cette tentative de refoulement. M. Halbwachs, rectifiant la pensée de Durkheim, admettait que la sociologie doit tenir compte des suicides d'aliénés ; bien plus il allait jusqu'à accorder que chez tout individu qui se tue on dépisterait un trouble profond, au moins momentané, des fonctions nerveuses et cérébrales. Tout suicide intéresserait donc par quelque côté le psychiatre. Mais tout suicide intéresserait aussi par quelque côté le sociologue. Car croit-on que l'organisation sociale des nations modernes et le genre de vie qu'elle implique ne soient pour rien dans le développement des maladies mentales ? Et en tout cas, pour celui qui n'est pas un fou total, comme muré dans sa folie, pour celui qu'un désespoir d'amour, une déception de carrière, une catastrophe financière conduisent, dans un état de trouble momentané, à choisir la mort, les motifs qu'il se donne lui sont suggérés par des circonstances sociales dont il est impossible de faire abstraction. Scrutez ces motifs : vous retrouverez toujours au fond de votre creuset ce sentiment de solitude qui révèle une inadaptation, un désencadrement. La structure de chaque société garde donc ici sa part de responsabilité dans le taux des suicides qui la caractérise.

M. Max Bonnafous (dans la *Revue Philosophique* de mai-juin 1933), venant au secours de M. Halbwachs, utilise les statistiques qu'il a commencé à recueillir en Turquie et les renseignements que lui ont communiqués les psychiatres turcs : il en résulte que dans ce pays les cyclothymiques ne paraissent pas avoir d'idées de suicide. C'est seulement sous l'influence des bouleversements de toutes sortes subis dans sa structure par la Turquie, depuis la guerre, que de pareilles idées semblent commencer à s'acclimater, et surtout dans les classes « aisées et évoluées ». Ce qui tendrait à prouver que, même si les faits sociaux ne sont pas la cause de la mélancolie, ils sont du moins la cause de l'apparition, dans l'esprit du mélancolique, de l'idée de suicide.

Il n'en reste pas moins que pour saisir comment s'exerce l'action des causes générales qu'il invoque, le sociologue doit accorder grande attention à ces intermédiaires que sont les organismes individuels : de leur état particulier dépend l'influence de ces causes générales, ici facilitées, là paralysées. Une société sans aliénés ni psychopathes, même en ses pires moments, connaîtrait-elle la mort volontaire ? M. Ch. Blondel se permet d'en douter.

Ces motifs de suicide que l'on scrute ont sans doute d'étroits rapports avec les organisations sociales. Mais la force avec laquelle ces motifs s'emparent des esprits tient-elle uniquement à la valeur contraignante que la collectivité leur a conférée ? Non, car en de pareilles circonstances, des individus normaux résisteraient. Ne cède que celui qui est déjà déséquilibré. La goutte d'eau fait déborder le vase : c'est que le vase jusqu'au bord était plein d'angoisse.

Fort de ces remarques, M. Blondel va intervenir entre les deux clans. Lui le psychiatre qui a accordé tant de poids aux conditions sociales de la volonté, il se croit obligé, dans une étude récente sur *Le Suicide,* de rappeler à ses confrères sociologues que dans l'étude dé l'homme, qui est à la fois un être biologique et un être social, il s'agit de laisser et de faire sa part au psychologique à côté du social ; il faut même reconnaître « que le social a dans le physiologique ses conditions d'apparition et n'existe qu'autant que le physiologique l'admet et le comporte ».

Bel exemple des oscillations auxquelles la pensée des psychologues contemporains est obligée de se prêter, pour faire leur part aux divers types d'explication positive qui leur sont offerts.

L'explication sociologique complète, disions-nous, la physiologique. Mais en même temps elle la limite. D'où, à côté de la collaboration, une concurrence latente, et des luttes d'influence dont on retrouverait les traces presque à toutes les pages du *Traité* de G. Dumas. Et c'est peut-être ce qui en fait le vif intérêt.

Est-il besoin d'ajouter que la psychologie pure, celle qui insiste sur les services rendus par l'analyse réflexive et l'intuition personnelle, fait de son côté des réserves ? Il suffit de rappeler que les tenants de Bergson, en face de ceux de Durkheim, sont loin d'avoir désarmé – pas plus que les admirateurs de Marcel Proust n'ont abdiqué devant ceux de Jules Romains. Mais ce n'est pas seulement un Bergson, c'est un Pierre Janet ou un Delacroix qui résistent à l'entraînement de la sociologie.

Et les précieuses observations des uns et des autres – aussi bien sur la tension psychologique et ses oscillations, sur le sentiment religieux ou les émotions esthétiques, que sur les formes propres, inexprimables en termes d'espace, de la durée intérieure, – prouvent assez la fécondité des méthodes qu'ils emploient.

Ce qu'il est permis d'ajouter, c'est qu'on trouverait dans ces travaux mêmes des traces de l'influence exercée par le progrès de la sociologie.

Suivant les judicieuses remarques de M. Essertier (*Psychologie et sociologie, Essai de Bibliographie critique*), des points de vue qu'on oppose dans l'abstrait se rapprochent souvent dans la pratique. Le livre de M. Delacroix sur *La Religion,* à plus forte raison son livre sur *Le Langage* accueillent maintes explications qui supposent, sous des formes diverses, l'action de la vie sociale sur la pensée individuelle.

Mais cette sorte de contamination ne serait-elle pas sensible jusque dans l'œuvre de M. Bergson, dont on se plait à opposer les tendances à celles de Durkheim ? Opposition réelle : puisque Bergson nous invite à briser la glace des concepts d'origine sociale, pour retrouver le courant de la vie intérieure. Il n'en reste pas moins qu'en assignant à l'intelligence la fonction, non pas seulement d'agir sur la matière, mais d'unir les hommes à l'aide de concepts communicables par des mots, Bergson indique la grande place occupée par la vie sociale dans la vie spirituelle. Que cette vie spirituelle-sociale ne soit pas à ses yeux la forme supérieure de la vie, et que même on devienne incapable de saisir celle-ci lorsqu'on se fie aux seuls concepts construits par celle-là, d'accord. Mais ce jugement de valeur n'empêche que, même pour l'auteur des *Données immédiates de la conscience,* si l'on veut comprendre quelque chose à l'orientation et au développement de l'intelligence humaine, il importe de s'en représenter les tenants et aboutissants sociaux.

La discussion n'est pas close. La délimitation est loin d'être achevée. Entre psychologie pure et psychologie sociologique la frontière est motivante. La ligne avance ou recule selon les initiatives. Et nul ne peut déterminer aujourd'hui sur quels terrains s'étendra ou ne s'étendra pas l'ambition explicative de la sociologie. Ce qu'il y a de sûr, c'est que depuis une trentaine d'années – principalement sous l'influence de Durkheim et de son École, appliquant le programme de Comte et de Ribot – elle a opéré chez nous des annexions dont nul ne pouvait prévoir l'ampleur.

Quelles que soient ses tendances, le psychologue, dit justement M. Delacroix, doit dorénavant penser les faits psychologiques selon la « dimension sociale ».

Chapitre II

Ethnologie et sociologie

Quels services l'ethnologie, entendue comme la connaissance des populations « primitives », a-t-elle rendus à la sociologie proprement dite ?

Il y a certes bien longtemps que des penseurs français se sont intéressés aux primitifs. Au XVIIIe siècle on n'a pas seulement « rêvé » l'homme sauvage comme le représentant de la nature, on s'est efforcé de le connaître tel qu'il est, dans les régions où la civilisation n'a pas encore pénétré. Les missionnaires étaient en pareille matière les principaux fournisseurs de documents. Et comme l'a montré M. Hubert dans son livre sur les *Sciences sociales* dans *l'Encyclopédie*, les collaborateurs de Diderot, bien loin de s'en tenir aux constructions *a priori* – ainsi qu'on le leur a reproché à satiété – se réjouissent d'accumuler les observations de voyageurs. Le président des Brosses insistait déjà sur le rôle du *fétichisme*, que ne devait pas oublier Auguste Comte. Il eut nombre d'émules qui, utilisant une méthode déjà comparative, et s'attachant « à recueillir des faits, au lieu de présenter des conjectures », contribuaient à ce que M. René Maunier appelle la « préparation de la sociologie » (*Introduction à la Sociologie*, chap. VI. V. aussi le premier chapitre de la *Sociologie* de M. Marcel Déat). Au XIXe siècle, sous l'impulsion de Quatrefages, d'Hamy, de Verneau, comme l'a montré M. P. Rivet au tome II de la *Science française*, l'anthropologie s'élargit en ethnologie, l'étude des cultures s'ajoute à l'étude des races. L'expansion de la colonisation devait d'ailleurs fournir, aux représentants de la civilisation française, à la fois des raisons nouvelles et des moyens nouveaux de connaître les primitifs, comme il fut rappelé à l'opinion, récemment, par les conférences organisées et les collections publiées à l'occasion de l'Exposition coloniale.

Une place à part devrait être faite à l'Afrique du Nord. Depuis longtemps en contact avec les populations, nomades ou sédentaires, nous avons pu enregistrer leurs coutumes, essayer de pénétrer leur état d'esprit, nous efforcer de comprendre, sur leurs exemples, de quels éléments se composent les sociétés qui deviennent plus tard des nations. La synthèse de Masqueray, – la *Formation des Cités chez les Populations sédentaires de l'Algérie*, – venant après les collections de documents de Hanoteau et Letourneux, a posé avec éclat le problème des rapports entre clans et cités. M. René Maunier n'a pas tort de souligner, dans ses *Mélanges de Sociologie nord-africaine*, la grande influence exercée par cet initiateur sur la sociologie française contemporaine.

Mais toutes nos colonies, si diverses que soient les populations qu'on y rencontre, ont été mises à contribution. L'*Institut d'Ethnologie* a commencé à cet égard un vaste travail de concentration, destiné à stimuler et orienter les recherches des enquêteurs. Ainsi un trésor de documents sur l'âme humaine, sur les âmes humaines, se constitue peu à peu chez nous, que nous pourrons bientôt comparer à ceux qui ont été accumulés par les recherches des bureaux d'ethnologie anglais et américains.

La mise en œuvre de ces documents a-t-elle été entreprise et menée, en France, de manière à donner satisfaction aux ambitions de la sociologie ? S'est-on efforcé de retrouver le « collectif » dans le « primitif », et, en montrant à quel point la mentalité des sociétés « inférieures » se distingue de la nôtre, a-t-on recherché dans quelle mesure ces différences s'expliquent par des différences de structure sociale ?

Il suffit de poser cette question pour que tout le monde pense aujourd'hui aux travaux universellement connus de M. L. Lévy-Bruhl. Quatre volumes – *Les Fonctions mentales dans les sociétés inférieures* (1910), *La Mentalité primitive* (1922), *L'Âme primitive* (1927), *Le Surnaturel et la Nature dans la mentalité primitive* (1931), lui ont permis, non seulement de nous présenter un nombre considérable de petits faits empruntés aux enquêtes les plus diverses, mais de formuler quelques idées générales, quelques thèses destinées à encadrer ces observations, à en faire mesurer la portée.

Idées conformes dans l'ensemble aux tendances d'Auguste Comte, que M. Lévy-Bruhl a spécialement étudié, à celles de Th.

Ribot en qui il voit le grand rénovateur de la psychologie française, et sur bien des points à celles de Durkheim, avec qui il se réjouit de se rencontrer.

Pour comprendre l'esprit des travaux de M. Lévy-Bruhl, le mieux est toujours d'en revenir à la formule célèbre de Th. Ribot qu'il cite plusieurs fois. On n'a fait jusqu'ici que la psychologie de « l'homme blanc, adulte, civilisé ». Mais si nous voulons comprendre la genèse des facultés que nous attribuons à l'homme en général, il importe d'user d'observations comparatives mettant en lumière différences et ressemblances.

D'où un élargissement nécessaire du champ des recherches psychologiques. D'où l'utilité des études portant sur le malade et sur l'enfant, sur le sauvage ou le primitif. C'est à nous faire pressentir l'originalité de cette dernière mentalité que M. Lévy-Bruhl se consacre, en nous avertissant qu'entre elle et la nôtre il n'y a pas de commune mesure. On oublie trop souvent, quand on aborde l'étude des populations dites primitives, qu'il s'agisse des Esquimaux ou des Bantous, des Américains du Nord-Ouest ou des Mélanésiens, que nos catégories intellectuelles ne leur conviennent pas forcément. Nous appliquons trop vite nos critères à leurs états d'esprit. Nous nous imaginons volontiers qu'il n'y a entre leur mentalité et la nôtre que des différences de degré, et que leurs idées s'associent, ou leurs jugements se justifient selon les lois ou les principes qui nous sont familiers. Et c'est ainsi que la plupart des représentants de l'ethnologie anglaise, férus d'associationnisme, ont été amenés à expliquer trop facilement, trop simplement, l'état d'esprit des primitifs. Parce que ceux-ci voient reparaître dans leurs rêves des hommes qu'ils ont rencontrés pendant la veille, ils sont amenés à supposer logiquement que les hommes ont une âme ? Parce que les actions qui leur sont familières répondent le plus souvent à des intentions, ils sont amenés à rendre compte, par les intentions de quelque personne cachée, des mouvements mêmes de la nature ? Contre ce simplisme animiste, M. Lévy-Bruhl proteste avec autant d'énergie que le fera de son côté Durkheim. Ne pas assimiler, ne pas uniformiser, constater qu'il y a plus de choses dans les sociétés primitives que nous n'en pouvons immédiatement comprendre, justement parce que nous sommes des civilisés, tels devraient être les premiers articles du *credo* de l'enquêteur, tels sont les préceptes que ne cesse de répéter M. Lévy-Bruhl.

Quel est donc le trait dominant de cette mentalité, celui qui nous la rend si difficilement accessible ? Une sorte de confusionnisme sans limites, pourrait-on dire. Ainsi serions-nous bien empêchés de retrouver dans l'esprit des primitifs la notion du moi telle que nous l'entendons, ou la distinction entre l'âme et le corps, ou la distinction entre le surnaturel et le naturel. L'individualité n'a pas pour eux, semble-t-il, d'existence nettement distincte. Elle se fond facilement dans le groupe. D'autre part, les choses qui lui appartiennent à des titres divers, ses « appartenances », font partie intégrante de la personne, non pas seulement ses secrétions ou excrétions, mais la trace de ses pas, les restes de ses aliments, les produits de son travail, les outils qu'il manie. Cette individualité subsiste-t-elle après la mort ? Sans doute, mais non pas sous la forme d'une âme séparée et différente du corps. « Rien de plus étranger à la mentalité primitive que cette opposition de deux substances dont les attributs seraient antagonistes. » De même ils ont la plus grande peine à concevoir un dieu distinct de l'univers. Bien plutôt croient-ils à l'existence d'un « continuum de forces spirituelles » – le *mana*, le *wakenda* – qui pénètrent toute la nature, se mêlent à chaque instant à la vie, facilitent ou paralysent l'action, expliquent la réussite et l'insuccès, la maladie et la mort, obligent enfin l'homme à un perpétuel qui-vive. Ainsi se crée une atmosphère universelle de mystique et de magie dont nous arrivons difficilement à nous faire une idée.

C'est que le primitif est incapable d'opérer les distinctions qui nous sont familières, de séparer le naturel du surnaturel, l'objectif du subjectif, le réel du rêvé. Tout se mêle pour lui. Tout participe à tout. Les Bororo déclarent sérieusement qu'ils sont des Arara (des perroquets). Les Indiens Huichol du Mexique identifient le blé, le cerf et le kikuli (plante sacrée). Ils paraissent très facilement admettre, non seulement qu'un être se trouve dans un autre endroit que celui où on le rencontre, mais qu'il soit autre chose que ce qu'il est. Le principe de contradiction est donc sans valeur à leurs yeux. C'est pourquoi on peut dire de leur mentalité qu'elle est prélogique. Sans doute parce qu'elle est affective, et aussi parce qu'elle est collective.

Le mot de représentations, à vrai dire, convient mal à leurs états d'esprit. Avant tout ils craignent ou espèrent, vibrent de colère ou de sympathie. Et ils ne semblent pas capables de dissocier de ces sentiments impérieux la connaissance pure. C'est de « catégories affectives » qu'il faudrait ici parler. Peu d'idées proprement dites, mais des émotions, des impulsions, dont l'intensité est décuplée par les réactions des individus les uns sur les autres et dont la direction est imposée par des traditions ; jamais, en conséquence, l'observateur ne se trouve en présence de représentations qui appartiennent en propre à un individu. L'esprit humain individuel – postulat de la théorie animiste – est la réalité qu'on atteint le plus malaisément. On a toujours affaire à des esprits socialisés. La catégorie affective nous reconduit donc à la représentation collective. L'ethnologie telle que la comprend ici M. Lévy-Bruhl semble être la plus directe introduction à la sociologie.

Ces conceptions n'ont pas été, on le sait, sans susciter beaucoup de discussions. L'antithèse qui en fait le fond – entre la mentalité primitive qui mêle tout dans une sorte de tourbillon mystique, et la mentalité civilisée qui sait opérer les distinctions nécessaires aux conquêtes de l'esprit critique – a été contrebattue de deux points de vue différents. Les primitifs, aussi obsédés qu'ils soient par le mysticisme et la magie, savent pourtant accomplir dans la vie courante des actions qui supposent la connaissance d'un certain nombre de lois naturelles. M. Olivier Leroy y insiste dans son *Essai d'introduction critique à l'Élude de l'Économie primitive* : ils savent lancer une flèche, réparer un canot, amener des aliments au degré de cuisson voulue. Ils possèdent diverses techniques. Ne serait-ce pas là, comme l'observait déjà Auguste Comte, des « germes de positivité » ? On doute que M. Lévy-Bruhl puisse expliquer, par des participations prélogiques, les progrès des techniques positives.

Inversement, dans notre mentalité de civilisés, que de participations survivent ! Combien de fois des émotions collectives, des traditions consacrées, nous interdisent-elles les discernements utiles à l'élaboration de jugements démontrables et irréfutables ? Maint paysan breton, remarquait M. Rivet, ne se fait peut-être pas de la nature de l'âme ou de l'action des dieux une idée sensiblement plus claire que celle des Bantous. Par les chaînes de superstitions que nous traînons nous sommes donc, bien souvent, rattachés à la mentalité primitive. Bien plus, lorsque nous faisons avancer la science, il nous arrive souvent, selon M. Meyerson, d'identifier des divers : la science ne saurait se passer des participations que M. Lévy-Bruhl signale comme caractéristiques d'un âge dépassé. Même remarque chez M. Raoul Allier, dans sa *Psychologie de la Conversion chez les Peuples non civilisés*. Et ce qu'on dit ici de la science, *a fortiori* le répéterait-on de la philosophie. N'y aurait-il pas, selon les conclusions de M. Maurice Blondel dans son livre sur *La Pensée*, plus de vérité profonde dans les communions sentimentales chères à l'esprit primitif, que dans les idées soi-disant claires et distinctes dont se contente si facilement l'esprit primaire ?...

En dépit de ces réserves, le thème lancé par M. Lévy-Bruhl s'est révélé fécond. Il a élargi notre conception de la vie psychologique. Et jusque dans des travaux comme ceux de M. Charles Blondel sur la *conscience morbide,* ou ceux de M. Maurice Halbwachs sur la *mémoire,* on discernerait que son influence – se mariant à celle de M. Bergson – a orienté d'utiles recherches.

Mais, à la sociologie proprement dite, a-t-il apporté toutes les satisfactions attendues ? M. Lévy-Bruhl ne se contente pas de rappeler que les représentations primitives sont des types par excellence de représentations collectives, et que l'individualité n'arrive à se dégager du groupe que par une suite de « réductions », en rompant des séries de chaînes : thèses familières et chères à l'école de Durkheim. Il ajoute que les mentalités différentes correspondent à des types sociaux différents. Remarquant que les primitifs ne perçoivent rien comme nous, il précise : « De même que le milieu social est différent du nôtre, et *précisément parce qu'il est différent,* le monde extérieur qu'ils perçoivent diffère aussi de celui que nous percevons. » Ce *parce que* mériterait des explications, appellerait des démonstrations. Si telles croyances changent de formes, – si par exemple on dépasse le polythéisme pour tendre vers le monothéisme – cela ne tient-il pas, et dans quelle mesure, à des changements qui se seraient produits dans la structure même de la société, progressant vers la centralisation, comme on l'a vu en Égypte ? Le culte des héros-saints a pris en Irlande une ampleur particulière. Cela ne tient-il pas, comme essaie de le montrer M. Czarnowski, dans son livre sur *Saint Patrick (Le culte des héros. Saint*

Patrick héros national de l'Irlande), à l'action combinée des clans confédérés et d'une sorte de confrérie nationale ?

Un sociologue de stricte obédience, comme dit M. Mauss à la séance de la *Société française de philosophie* d'août-septembre 1929, se serait avant tout attaché à répondre à des questions de ce genre. M. Lévy-Bruhl accorde, en reprenant le mot de Carlyle, que « sa sonde n'est pas assez longue pour atteindre ces profondeurs ». Par exemple il se contente de relever qu'en beaucoup de sociétés le nom est identique à l'âme. M. Mauss, alléguant avec M. Leenhardt que le nom désigne l'ensemble des positions spéciales de l'individu dans son groupe, prétend « trouver le fondement réel de ce mythe de l'identité de l'âme et du nom dans l'organisation sociale ».

L'exemple tendrait à prouver qu'au delà des informations ethnologiques, par ailleurs si précieuses, que rassemble et qu'ordonne M. Lévy-Bruhl, il resterait encore un large champ d'action pour les hypothèses explicatives de la sociologie proprement dite.

Des faits rapportés par les enquêteurs touchant les institutions et l'état d'esprit des primitifs, Durkheim s'attache naturellement, plus que M. Lévy-Bruhl, à fournir une explication spécifiquement sociologique ; d'autre part, de ces mêmes faits, il tire des conclusions beaucoup plus larges qui permettent d'enrichir nos idées non seulement sur la structure des sociétés et leur évolution, mais sur la genèse même de la raison.

Dès la thèse sur la *Division du Travail*, établissant une distinction aujourd'hui classique entre la solidarité mécanique, qui implique des similitudes contraignantes, et la solidarité organique, qui implique des différences entre individus plus ou moins libres, il est visible que Durkheim songe, pour incarner le premier type de solidarité, aux sociétés dites primitives. C'est dans les clans australiens, kabyles ou iroquois qu'il voit des opinions unanimes, adossées à des traditions impérieuses de caractère religieux, écraser en quelque sorte l'individualité, ou plutôt l'étouffer au berceau. Ce qui revient à dire que la société primitive est comme le Paradis de la conscience collective. C'est là que celle-ci règne en maîtresse, sans tolérer, sans rencontrer de résistances. L'histoire de la civilisation sera, pour Durkheim lui-même, une atténuation progressive de cette puissance. Mais, des époques où elle a joui d'un pouvoir absolu, il reste plus d'une tradition qui continue de contribuer efficacement à la cohésion sociale, alors même que d'autres principes et d'autres méthodes d'union sont entrés en jeu. De ce ciment initial nulle société jusqu'à nouvel ordre n'a pu se passer.

Plus grosses encore de conséquences sont les réflexions qu'inspire à Durkheim, concernant les formes sociales et leur évolution, l'étude de ces mêmes clans. Cherchant à son tour, dans les *Règles de la méthode sociologique,* un moyen de classer les espèces sociales – et plus près en ceci de la pensée de Montesquieu, qui distingue des types de gouvernement, que de celle de Comte, qui parle de l'Humanité et de son évolution comme si elle était une société unique – il propose une classification. qu'on pourrait appeler à la fois génétique et morphologique. Ce qui paraît distinguer le plus nettement à ses yeux les sociétés les unes des autres, c'est le degré de leur composition. Les primitives sont aussi les plus simples ; et la simplicité est l'absence de parties constitutives. En ce sens le groupe le plus simple serait la horde, où l'on ne retrouverait aucune trace de segmentation intérieure. Peut-être, à vrai dire, n'a-t-elle jamais existé à l'état pur. Mais nous connaissons une multitude de sociétés formées par une répétition de hordes. Ainsi juxtaposées elles s'appellent des clans. Mais le clan est lui aussi une sorte de protoplasme du règne social, un agrégat qui ne se résout en aucun autre plus restreint. Et c'est bien de ce côté qu'il faut chercher la source d'où sont sorties toutes les espèces sociales.

Une méditation sur le clan, sur les groupes que l'ethnologie nous a rendus familiers, devrait donc être le premier chapitre de toute sociologie, non seulement parce que le clan est l'élément constitutif de toute société, mais parce que l'étude des règles qui président aux rapports de ses membres, et des croyances par lesquelles ces règles se justifient, projette sur des représentations et des institutions capitales – la famille, la religion par exemple – les plus utiles lumières.

Déjà, Fustel de Coulanges – qui fut le maître de Durkheim à l'École Normale Supérieure – avait montré les cités naissant de la fédération des mot grec ou des *gentes,* héritiers des clans. Masqueray, employant plus audacieusement la méthode comparative, avait essayé de prouver que la façon dont les tribus kabyles s'organisent sous nos yeux éclairait les origines de la cité romaine. Les continuateurs de Durkheim élargiront les recherches de ce genre. MM. Davy et Moret à propos de l'Orient ancien (*Des Clans aux Empires*), Granet, à propos de la Chine (*La Civilisation chinoise*) Montagne, à propos du Maroc (*Les Berbères et le Makhzen*), indiquent par quelles étapes on passe des clans aux empires, ou bien comment la persistance de l'esprit de clan retarde la formation des nations.

De la diversité de ces études, il ressort d'ailleurs que des possibilités variées sont ouvertes aux groupes humains. Et c'est ce que Durkheim lui-même n'avait pas manqué d'indiquer. À partir d'un même tronc les branches divergent. Il n'y a pas qu'une seule voie ouverte à l'évolution, comme paraît l'admettre Comte. Il croit à l'existence d'une série historique unique et continue. Mais cette conviction, si elle le prépare à instaurer le culte de l'Humanité, l'incline aussi à méconnaître la diversité des types sociaux, dont une sociologie vraiment positive doit tenir compte. Il reste que, pour Durkheim, le point de départ des évolutions sociales divergentes serait commun : ce qui ne veut pas dire sans doute qu'il exclue toute hypothèse polygéniste et croie à l'existence d'une société-mère qui serait en fait l'ancêtre de toutes les autres, mais qu'au début de toute évolution se retrouve – qu'il s'agisse d'Amérique ou d'Australie – la même simplicité formelle.

D'ailleurs, en confrontant les observations des enquêteurs sur ces sociétés primitives en voie de composition, clans, tribus, confédérations australiennes ou indiennes, kabyles ou eskimos, en les étudiant, non plus seulement dans leurs formes mais dans les règles de vie qu'elles imposent à leurs membres et dans les croyances par lesquelles ces règles se justifient, Durkheim est amené à un certain nombre de découvertes, qui éclairent d'un jour nouveau la structure de nos sociétés elles-mêmes. Les plus fécondes de ces thèses sont celle qui concerne la famille et celle qui concerne la religion.

Pour la famille, lorsque nous partons de l'état qui nous est familier, nous croyons volontiers que le couple et ses descendants immédiats – ce que Durkheim appelle la famille conjugale – est le fait premier, que les sociétés se constituent par rapprochement de ces couples, et qu'ainsi le groupement politique dérive des groupements domestiques antérieurement donnés. Mais Durkheim remarque que, dans les sociétés primitives qui lui sont connues, la famille conjugale stricte ne se conçoit pas comme institution sociale ; la descendance physique n'est pas seule à déterminer l'appartenance au groupement domestique : la parenté est loin de se calquer toujours sur la consanguinité. « À elle seule, la naissance ne suffit pas *ipso facto* à faire de l'enfant un membre intégral de la société domestique : il faut que des cérémonies religieuses s'y surajoutent. » Inversement des cérémonies religieuses suffisent pour intégrer l'individu dans la société en question, dont les limites coïncident avec celles du clan lui-même. La famille primitive est donc singulièrement plus large que la famille comme nous l'entendons, et elle repose sur d'autres bases. Ce n'est que peu à peu que la famille conjugale, constituée par le mariage, se distingue du groupe où elle était d'abord comme fondue. Du clan proprement dit, unité politique encore plus que domestique, on verrait se dissocier progressivement la famille-clan, utérine ou masculine, puis la famille agnatique indivise, la famille patriarcale romaine, la famille patriarcale germanique ; au bout seulement de cette série, apparaît la famille telle que nous la comprenons. Et ainsi on pourrait dire que la famille se forme par une sorte de contraction. Résumant cette évolution, dans la 2ᵉ partie de *Sociologues d'hier et d'aujourd'hui*, M. Davy peut écrire : « C'est le groupement domestique qui émerge du groupement politique et non pas le politique qui est issu par dilatation du domestique. »

Durkheim n'a pas seulement ici l'occasion de renverser la thèse traditionnelle qui expliquait la cité par l'agrandissement de la famille, il dénonce en passant l'insuffisance de deux conceptions générales : la conception naturaliste et la conception matérialiste. M. Espinas parlait en naturaliste lorsqu'il montrait la société naissant du rapprochement des sexes, et cherchait dans la famille, pour justifier l'organicisme, le point de soudure entre nature et société : selon Durkheim, ici même, ici déjà des croyances collectives interviennent, qui parlent plus haut que les sentiments sexuels naturels.

Croyances dont on n'aperçoit pas d'ailleurs qu'elles se subordonnent en tout et pour tout à des intérêts matériels. Discutant la théorie de Grosse sur les *Formes de la Famille et les Formes de l'Économie*, Durkheim observe que le même type de famille se retrouve, au moins dans ses traits essentiels, sous des régimes économiques bien différents.

Les croyances sur lesquelles table le plus souvent Durkheim sont celles qui apparentent les membres d'un clan à une certaine espèce animale ou végétale, laquelle devient l'objet d'un culte commun : c'est le totémisme. On rapporte que Lucien Herr, bibliothécaire de l'École Normale Supérieure, grand initiateur de recherches variées, signala un jour à Durkheim des études de Sir James Frazer qui venaient de paraître sur le totémisme. En les méditant, Durkheim tira du fait étudié des conséquences sur plus d'un point différentes de celles de Frazer, et en tout cas singulièrement plus larges . Le totémisme ne devient-il pas le centre et comme le pivot de sa sociologie ? Beaucoup de commentateurs paraissent le penser, prêts à conclure par suite que si le totémisme n'est pas une institution première et universelle, toute cette sociologie est ruinée. Mais Durkheim proteste que la question de savoir si le totémisme a été plus ou moins répandu est à ses yeux très secondaire. Qu'il ait été universel ou non, certaines sociétés où il domine, et où il a été spécialement bien étudié – par exemple des sociétés australiennes, observées par Spencer et Gillen – sont des cas privilégiés sur lesquels on saisit clairement les rapports entre croyances et institutions primitives. C'est donc en nous montrant les croyances totémiques en action que Durkheim nous explique la structure de la famille à laquelle nous venons de faire allusion. C'est dans le culte du totem qu'il voit communier ses membres. C'est par le caractère sacré du sang totémique qu'il rend compte de la prohibition de l'inceste : le clan totémique n'admet pas que ses membres se marient entre eux et est par définition exogame. Mais le totémisme nous fournit bien davantage. Nous offrant l'occasion de voir à l'œuvre des croyances primitives, nous permettant de saisir et leurs conséquences et leurs causes, il nous éclaire sur les formes élémentaires de la vie religieuse et ses rapports avec les sociétés.

Trop souvent nous définissons la religion en général, en fonction des religions complexes qui nous sont familières. Nous croyons que toute religion suppose l'idée de dieu ou de l'infini, ou du mystère. Une observation assez large nous avertit bientôt que trop de religions vivantes demeureraient en dehors du cercle ainsi délimité. Nombre de primitifs ne semblent posséder ni la notion de Dieu, ni celle de l'infini, ni même le sentiment du mystère. Mais tous, sous des formes différentes, admettent qu'il y a des choses sacrées, avec lesquelles il est dangereux d'entrer en contact sans des précautions spéciales. Des rites impératifs donc, des mythes qui les justifient et qui eux aussi s'imposent, des églises enfin qui se constituent pour entretenir ces cultes et défendre ces dogmes, voilà l'essentiel, le fonds humain, universel et permanent, de la religion, ce par quoi les religions diverses apparaissent comme les espèces d'un même genre. Dans les sociétés totémiques on voit clairement affleurer ce fonds. Les précautions que l'on prend, les procédés que l'on emploie vis-à-vis des principes totémiques sont autant de rites que l'on retrouvera développés dans les grandes religions classiques : on ne doit toucher le totem qu'après certaines purifications, on entretient sa force par des sacrifices, on s'en nourrit, on s'en recrée par des communions. N'est-ce pas, contrairement à ce que pense Frazer, qu'on se trouve ici en présence d'une religion véritable ?

Mais cette puissance avec laquelle l'individu doit compter à chaque instant de sa vie, d'où vient-elle donc ? N'est-ce pas le clan lui-même, dont le totem est à la fois le nom, l'emblème et la substance, qui en constitue la source ? À de certains jours, réunis en quelque revival qui les exalte, les met en état d'effervescence, les membres du clan sentent naître, de leur réunion même, ce *mana* à la fois transcendant et immanent. C'est donc de la société, non de la nature ou de l'individu, que surgissent les forces spéciales qui prennent vie et forme dans les religions.

Et dès lors nous n'avons plus besoin de nous en tenir aux théories, naturistes ou animistes, qui nous dévoilent dans les croyances religieuses les résultats d'interprétations erronées. Nous rattachons ces croyances à une réalité. Mais cette réalité est une réalité positive, donnée à l'observation : c'est la vie même de la société, qui se présente à l'individu comme une puissance à la fois impérieuse et secourable, exigeante et bienfaisante.

Et sans doute un jour viendra où les croyances s'individualiseront, la religion pourra prétendre être affaire personnelle. Mais ce trésor de force morale où il puise, jamais l'individu à lui seul ne l'aurait créé ; il y fallait la collaboration des énergies spéciales qui naissent d'une vie collective intense.

On sait que Durkheim ne se contente pas d'expliquer ainsi, par la société, la formation de la religion : de la même façon il pense éclairer la genèse de la raison elle-même. On peut mesurer ici la grande différence qui sépare l'attitude de Durkheim de celle de M. Lévy-Bruhl quand il s'agit de comparer la mentalité primitive à la nôtre. Où celui-ci montre une discontinuité et comme une opposition infranchissables, Durkheim insisterait plutôt sur la continuité, la filiation possible. Ces représentations collectives impérieuses, qui surgissent de la vie du groupe et la dominent, aident de plus d'une façon l'esprit humain à s'élever au-dessus de l'animalité. Les classifications sociales auxquelles elles président ne servent-elles pas de modèles à toutes les classifications ? Êtres vivants, choses inanimées, toutes les manifestations de la nature sont censées appartenir soit à un clan, soit à un autre ; elles rentrent dans les cadres préparés pour les hommes. Le temps n'est-il pas scandé par des fêtes liturgiques ? Les régions de l'espace ne sont-elles pas distinguées d'abord par les valeurs affectives différentes que les clans leur attribuent et les emplacements qu'ils doivent occuper ? D'autre part le *mana*, la force impersonnelle à la fois redoutable et bienfaisante que l'on sent circuler partout, est le prototype de la substance en même temps que de la cause. C'est en réfléchissant sur ses attributs que l'esprit humain s'aiguise, construit ces concepts, apparentés aux consignes, qui dominent le flux des impressions sensibles, et, cristallisés dans les mots, tendent à exprimer la manière dont la société dans son ensemble se représente les objets de son expérience. Il n'est pas jusqu'aux catégories qui, de ce point de vue, n'apparaîtraient comme des produits de la vie sociale : « Non seulement c'est la société qui les a instituées, mais ce sont des aspects différents de l'être social qui leur servent de contenu. »

Ainsi Durkheim renouvelle l'explication empirique des principes rationnels. Il cherche un milieu entre l'apriorisme et l'empirisme traditionnels. À celui-ci il accorde que les catégories ne sauraient sortir des sensations de l'individu, même si la force de l'association des idées et de l'habitude s'en mêle. Mais il n'admet pas que ces catégories soient présentées comme des faits premiers et inanalysables. Tout un travail, qui suppose d'incessantes collaborations, les élabore ; elles sont de savants instruments de pensée, que, les groupes humains ont laborieusement forgés au cours des siècles et où ils ont accumulé le meilleur de leur capital intellectuel.

Ainsi les représentations collectives, mystiques en effet dans leurs formes premières, comme M. Lévy-Bruhl l'a bien montré, préparent pourtant les voies à la pensée logique. La continuité est ici rétablie. La religion contribue à sa manière à élever dans l'ombre cette science, qui un jour battra sa nourrice : « Les notions de la logique scientifique sont d'origine religieuse... La pensée scientifique n'est qu'une forme plus parfaite de la pensée religieuse. »

Les réflexions de Durkheim sur l'ethnologie le conduisent donc, par l'intermédiaire de la sociologie, à une véritable théorie de la connaissance qui opère une jonction grandiose entre la religion et la science, entre la pensée mystique et la pensée critique.

Que ce soit là moins une théorie actuellement démontrée qu'une hypothèse de travail, Durkheim est le premier à nous en avertir. Entre les deux pôles qu'il indique le chemin est long, plus d'un passage difficile à franchir. Comment l'esprit arrive à s'émanciper, devient capable de se retourner contre les traditions qui ont entouré son berceau, il n'est pas toujours aisé de se le représenter. De longues recherches seraient à mener si l'on voulait mettre au jour les transformations de structure sociale qui ont secondé ce que M. Léon Brunschvicg appelle *le progrès de la conscience dans la civilisation occidentale*. Mais qu'en tout cas l'hypothèse soit féconde et qu'elle suggère, sur les débuts de la raison et les voies différentes où celle-ci peut s'engager, les plus intéressantes remarques, c'est ce dont plusieurs travaux ont déjà apporté la preuve. Par exemple ceux de M. Abel Rey et celui de M. Schuhl, – qui viennent compléter heureusement ceux de M. Gilbert Murray ou de Miss Harrisson –

sur *La Formation de la pensée grecque,* mère de l'esprit scientifique occidental.

Mais la plus belle confirmation qui ait été apportée aux vues de Durkheim est sans doute celle qui se trouve dans l'étude récemment consacrée par M. Marcel Granet à la *Pensée chinoise.* Il se réfère expressément aux remarques de MM. Durkheim et Mauss, au tome VI de *l'Année sociologique* sur *Quelques formes primitives de classification* ; nulle théorie ne lui paraît plus propre à faire comprendre la genèse de ce qu'il appelle les catégories chinoises.

En relevant les notions communes propres à la grande civilisation qui s'est engagée dans des voies si différentes des nôtres, M. Granet met en effet au jour diverses survivances de mentalité primitive et montre à l'œuvre une pensée mythique étroitement attachée à des formes sociales. La pensée chinoise se préoccupe moins de découvrir par l'observation des lois scientifiques que de formuler des recettes, des secrets de sagesse, par lesquels se maintient la bonne entente, aussi bien dans le microcosme que dans le macrocosme, d'ailleurs strictement soudés l'un à l'autre. Le Temps et l'Espace ne sont pas pour elle lieux neutres, contenus homogènes. Ils sont toujours imaginés comme un ensemble de groupements concrets, de sites et d'occasions. La représentation du Temps se confond avec celle d'un ordre liturgique. L'Espace est une fédération hiérarchisée d'étendues hétérogènes : conception suggérée sans doute par la structure féodale de la société. Les Nombres servent surtout à étiqueter des groupements hiérarchisés. Le *Yin* et le *Yang,* emblèmes plus encore que substances, dont l'alternance sert à organiser la matière du calendrier, se rapportent aux formes anciennes de l'opposition des sexes, conçus comme deux corporations complémentaires, à la fois solidaires et rivales. Le *Tao* lui-même, symbole de l'ordre qui doit régner dans la Totalité, ne tient-il pas son origine du sentiment de l'unité communielle qu'éprouve le groupe, s'exaltant à prendre conscience de lui-même ? Bref, M. Granet s'efforce de toute façon de rattacher les formes de la pensée dans la civilisation chinoise à ce qu'il appelle le fonds institutionnel de cette civilisation.

Plus directement encore que la théorie de la connaissance, la science des religions elle-même devait naturellement être enrichie par les principes que Durkheim a lancés dans la circulation. Et ses disciples ont commencé à en apporter la preuve.

Les travaux de MM. Mauss et Hubert sur le *Sacrifice* et la *Magie*, dans leurs *Mélanges d'histoire des religions*, et la préface que celui-ci a écrite pour la traduction du *Manuel de l'histoire des religions* composé par Chantepie de La Saussaie, montrent combien le souci de rattacher les premières formes de croyances aux réalités collectives suggère de solutions ou pose de questions nouvelles. Il est à noter d'ailleurs que sur plus d'un point, du moins en ce qui concerne les phases initiales de l'évolution religieuse, les idées de M. Loisy convergent avec celles de l'école de l'*Année sociologique*.

Mais l'ethnologie a apporté d'autres fruits à la sociologie. Des institutions que Durkheim n'avait pu étudier, – insuffisamment connues au moment où il menait ses recherches et constituait sa doctrine – ont éveillé les plus suggestives réflexions de ses continuateurs. Nous songeons en particulier au potlatch, auquel M. Mauss, dans la nouvelle série de l'Année sociologique a consacré un essai : Le Don, forme archaïque de l'échange. M. Davy dans sa thèse, sur la Foi jurée, cherche dans le potlatch la première forme du contrat, et insiste sur ce que doit le Droit à cette institution de transition : son travail est avant tout de sociologie juridique. M. Mauss se livre à une étude beaucoup plus large, et c'est l'influence du potlatch sur la vie sociale tout entière qu'il entend mettre en lumière.

Dans certaines sociétés « primitives » – en Australie, en Mélanésie, dans l'Amérique du Nord-Ouest – trois obligations primordiales dominent toute la vie sociale : donner, recevoir, rendre. Entre clans voisins on donne de tout, et à propos de tout. Qu'il s'agisse d'un mariage, d'une naissance, d'une victoire, de la construction d'une maison, les fêtes sont prétextes à des dons somptuaires, qui sont en même temps des défis, lancés au milieu de danses et de chants, dans l'excitation générale. On donne des gens comme des choses, des femmes ou des enfants comme des couvertures et des boucliers, on donne des emblèmes, on donne des rangs dans une hiérarchie. Et le groupe donateur y gagne de l'honneur en même temps qu'il s'ouvre un crédit. Car la chose donnée porte en elle une sorte de vertu magique, qui est aussi quelque chose de l'âme du donateur. Et il importe, comme disait M. Hertz, qu'elle revienne à son foyer d'origine. D'où une circulation obligatoire de toutes sortes de biens, un va-et-vient irrésistible, un commerce spécial qui mêle les choses et les âmes et qui met en branle toutes les forces de la société.

Fait social *total*, aime à dire M. Mauss : il n'intéresse pas seulement l'économie par les échanges qu'il multiplie et le travail de production qu'il exige, mais la religion, par les croyances qu'il implique et l'atmosphère mystique dont il enveloppe les choses, l'esthétique par l'effort auquel on se livre pour imprimer aux cadeaux une forme qui frappe les yeux, qui fasse envie. Ajoutez que c'est par excellence un fait de morphologie sociale ; n'est-ce pas au cours de sortes de foires ou les clans se réunissent pour une durée plus ou moins longue que la cérémonie de transfert s'accomplit ? Ainsi sommes-nous forcés, pour comprendre le potlatch, d'envisager la vie d'un ensemble concret. Or, c'est rendre service à la sociologie que d'attirer son attention sur des synthèses de ce genre. Il a fallu sans doute, pour atteindre à des connaissances précises, spécialiser les recherches, distinguer les branches de la science sociale. Mais les branches ne doivent pas cacher le tronc. Après avoir forcément un peu trop divisé et abstrait, il faut que les sociologues s'efforcent de recomposer le tout. « Le principe et la fin de la sociologie, c'est d'apercevoir le groupe entier et son comportement tout entier. »

Mais M. Mauss ne se contentera pas de tirer, de l'exemple du potlatch, un conseil de méthode. Il y joindra une comparaison entre sociétés primitives et sociétés civilisées, soulignant ici des différences, là des ressemblances, signalant tantôt des disparitions, tantôt des résurrections. Tant et si bien que l'étude de l'institution centrale des tribus polynésiennes, mélanésiennes ou américaines du Nord-Ouest nous aide à mieux comprendre certains traits de notre civilisation elle-même.

Après avoir décrit l'extension du commerce Kula, qui remplace dans la société mélanésienne par des dons faits et rendus le système des achats et des ventes, M. Mauss conclut ainsi : « Une partie de l'humanité relativement riche, travailleuse, créatrice de surplus importants, a su échanger des choses considérables sous d'autres formes et pour d'autres raisons que celles que nous connaissons. » Et ce sont ici les différences qui sont mises en relief.

On aurait grand tort cependant de croire qu'il s'agit de deux mondes irréductiblement séparés. Même dans les civilisations qui connaissent un grand développement du contrat et de l'échange proprement dits, des survivances nombreuses permettent de supposer qu'elles ont connu l'âge du potlatch : M. Mauss en trouve des preuves aussi bien dans le *nexum* romain que dans le *wadium* germanique dont Huvelin avait noté qu'ils baignent dans une atmosphère de représentations religieuses. Autant de traditions révélatrices.

Voici d'ailleurs à côté des survivances, les résurrections. Dans nos sociétés froides et calculatrices, qui ont inventé l'homo œconomicus subordonnant tout à son intérêt personnel, non seulement la coutume de donner et de rendre conserve une large place, non seulement les dépenses somptuaires sont de pratique courante, mais encore un esprit de solidarité gagne du terrain qui, sous diverses formes, annonce une réaction contre le laissez-faire, laissez-passer cher au « rationalisme » de l'économie politique classique. D'où M. Mauss tire des conclusions de morale générales qui valent pour les sociétés les plus évoluées comme pour les moins élevées que nous puissions connaître. Il touche ici le roc, pense-t-il. Une étude ethnographique lui a permis, non seulement de comprendre des institutions caractéristiques de sociétés primitives, mais de retrouver certains traits éternels de la nature humaine.

À cette même influence des études ethnographiques il conviendrait sans doute de rattacher certaines idées sur la nature de la civilisation qui contribuent à infléchir, dans un sens pour beaucoup inattendu, les recherches de l'école durkheimienne.

Au culte de l'humanité, vers lequel tendait toute la philosophie d'Auguste Comte, on pourrait, dire que l'école durkheimienne oppose initialement l'apologie des groupes. Ce qui signifie non seulement que la morale pour Durkheim implique toujours l'attachement à un groupe, mais que toute explication sociologique suppose l'action de forces spécifiques qui naissent à l'intérieur d'un groupe existant par lui-même, séparé, fermé, constituant une sorte d'organisme. Une sorte d'organisme, disons-nous : pour rappeler que Durkheim, contrairement à ce qu'eût voulu Espinas (voir dans la *Revue philosophique* de 1900, l'article intitulé : « *Être ou ne pas être* » *ou le postulat de la sociologie*), refuse de souder en tout et pour tout la sociologie à l'organicisme. Mais en sociologie comme en biologie il entend retrouver des espèces, des types distincts. Et chaque société est comme un individu appartenant à une de ces espèces, réalisant un de ces types. Sans doute ce type est psychique plus que physique. Il se définit en dernière analyse par une convergence de faits de conscience. Mais ces représentations collectives elles-mêmes reflètent à leur manière la structure du groupe, traduisent son être. C'est donc à l'intérieur d'un cercle fermé, semble-t-il, que se produisent les effervescences créatrices.

Pourtant on serait vite arrêté dans l'explication de ce qui se passe à l'intérieur d'un groupe – clan, cité ou nation – si l'on ne se représentait l'action exercée sur lui par des groupes voisins. En particulier, il est impossible de retracer la formation d'une civilisation en l'emprisonnant entre des frontières. L'explication par le dedans rencontre bientôt ses limites. Il y a toujours lieu de compter avec des faits internationaux.

C'est ce que Durkheim lui-même avait indiqué dans une note très dense de *l'Année sociologique* sur « l'idée de Civilisation ». Indications reprises, développées, illustrées de toutes façons par M. Mauss, notamment dans une communication à la première *Semaine internationale de Synthèse* (*Civilisation, le mot et l'idée*). Il y rappelle que les civilisations débordent toujours les sociétés. Toutes inventent, mais toutes empruntent, à des degrés divers. Tels phénomènes sociaux sans doute sont spéciaux –à une société un dialecte, une constitution, un code. Leur vie demeure interne. Mais nombre d'autres supportent, recherchent le voyage : non pas seulement des outils, des techniques, des modes de production ou de consommation, mais des rites, des institutions et jusqu'à des principes d'organisation sociale. Ainsi deviennent-ils communs à plusieurs sociétés plus ou moins rapprochées, qui constituent comme une famille. Une forme se répand dans une aire et donne naissance à une sorte de « système hypersocial » qui est essentiellement réalité extra-nationale, internationale.

Des réalités de ce genre se multiplient sous nos yeux avec ce qu'on appelle le progrès de la civilisation. Les grandes nations qui se sont constituées en Occident, quelles qu'aient, été la violence de leurs heurts et l'intensité de leurs défiances mutuelles, seraient sœurs pour un observateur qui verrait les choses d'assez haut. Tant il est vrai que le patrimoine – non pas seulement scientifique ou industriel, mais religieux et même esthétique – où elles puisent, est un trésor commun. C'est ce que ne manquent pas de mettre en lumière et les théoriciens du Droit des gens, cherchant le soubassement de fait qui rend possible et nécessaire le progrès de l'organisation juridique, et les organisateurs de la Coopération intellectuelle internationale.

Pour les disciples de Durkheim, il semble bien que ce qui les a amenés à sentir le prix de cette sociologie internationale qu'il resterait à constituer, c'est justement le spectacle du Monde dit primitif. Où l'on pouvait s'attendre à trouver un isolement farouche, on s'aperçoit que les communications, les influences mutuelles sont la règle. M. Mauss cite les *corroboree* australiens, espèces de chefs-d'œuvre d'art dramatique musical et plastique mettant quelquefois en mouvement des centaines de danseurs-acteurs, qui passent de tribu à tribu, comme aujourd'hui des films de ville en ville, les orchestres nègres, les griots et les devins qui voyagent au loin, les contes qui se propagent à de longues distances, sans parler des monnaies de *cauri*, en Afrique, de coquillages en Mélanésie, de nacre au Nord-Ouest de l'Amérique, qui acquièrent valeur internationale. C'est en faisant leur part aux théories des ethnographes allemands sur les *Kulturkreise* qu'il arrive à nous faire mesurer le rôle primordial – primitif autant que capital – des faits de propagation.

Naturellement, il ne rendra pas compte des convergences de techniques, ou de rites, ou de modes, par la seule vertu d'une mystérieuse force d'expansion. Ce serait donner raison à Tarde pour qui l'imitation explique tout. Si tel élément de civilisation passe d'un groupe à un autre, et si un troisième groupe refuse de l'absorber, le sociologue en cherchera la raison dans les rapports entre forces sociales : moindre capacité de résistance de l'emprunteur par exemple, et autorité plus grande de celui à qui est fait l'emprunt. Ainsi l'ethnographie pose des problèmes plus encore qu'elle n'impose des solutions. Il n'en reste pas moins exact que, plus d'une fois, les théories élaborées par l'école sociologique française ont pris leur point de départ dans l'étude des sociétés primitives.

Chapitre III

Morphologie sociale

Une attention spéciale devrait être consacrée à ce qu'on a appelé la morphologie sociale : en étudiant les travaux consacrés à l'influence exercée par les formes tant structurales que matérielles de la société, on sera amené à préciser les rapports de la sociologie, telle que l'entend l'école qui a le plus fait pour la rendre positive en France, avec la démographie, la géographie humaine, la statistique.

Dans un mémoire de la nouvelle série de *l'Année sociologique* qui est une suite de réflexions sur les transformations que ses divisions ont subies et celles qu'elles devraient subir, M. Mauss indique que la morphologie sociale y devrait occuper la place centrale.

Ici encore Durkheim lui-même ouvre la voie et donne l'exemple. Non seulement, dès les *Règles de la Méthode sociologique,* il signale l'importance de cette partie de la sociologie qui a pour tâche de constituer et de classer les types sociaux. Mais encore, dans sa thèse sur la *Division du Travail,* c'est du côté des transformations de l'ordre matériel – accroissement de la population, multiplication des villes, extension des moyens de communication – qu'il cherche la cause profonde du phénomène qu'il veut étudier en sociologue, Si le travail se divise dans les sociétés humaines, c'est qu'elles obéissent, elles aussi, aurait dit un Spencer, aux grandes lois de la nature qui font tout passer de l'homogène à l'hétérogène. C'est que leurs membres, aurait dit un Adam Smith, ont tendance à chercher chacun leur avantage dans l'échange, et par suite intérêt à spécialiser leurs activités. Durkheim ne se contente ici ni de l'explication individualiste ni de l'explication naturaliste. Une pression de la société, telle que « tout se passe mécaniquement », c'est ce qu'il veut mettre en lumière. Or, pareille pression résulte de la densité même des groupements. Rapprochant dans un même cercle des individus de plus en plus nombreux, ils augmentent l'intensité de la lutte pour la vie. Les hommes qui exercent les mêmes activités ont plus de peine à subsister. Qu'ils se spécialisent au contraire, la convivance devient plus facile. La division du travail, « solution adoucie » de la lutte pour la vie, et dont le progrès va exercer jusque sur la vie morale des sociétés la plus profonde action, s'explique donc en dernière analyse par un fait de morphologie sociale.

De notre côté, dans une thèse sur *Les Idées égalitaires,* nous essayions de fournir, de leur succès dans le monde occidental, une explication de même tendance. La zone où elles ont triomphé n'est-elle pas aussi celle où les populations de plus en plus denses s'agglomèrent dans des villes de plus en plus nombreuses, où des États se constituent, qui progressent en centralisation, où se multiplient, où s'entrecroisent les groupements auxquels un même individu peut participer sans s'y absorber tout entier tout entier ? Autant de transformations qui contribuent dans la structure même de ces sociétés à ébranler le respect de ces distinctions de castes dont nous pouvions étudier la domination dans la civilisation hindoue : en Occident, elles sont brouillées par un va-et-vient inévitable, qui aplanit le terrain pour l'expansion des idées égalitaires, et permet enfin que passe au premier plan le culte de la personnalité humaine. Ainsi, nous allions, nous aussi, du dehors au dedans, des formes aux idées.

Il est à noter toutefois que les explications de ce genre, pas plus celles de Durkheim que les nôtres, ne méritaient l'étiquette de matérialistes. Les formes sociales, dans notre théorie, n'agissaient sur la marche des sociétés qu'à travers des séries d'intermédiaires, qui justement sont des consciences. Et dans chacun de nos chapitres, après avoir noté des corrélations entre tel fait de structure et le mouvement d'idées dont nous voulions rendre compte, nous nous efforcions de reconstituer le travail mental que les transformations du milieu avaient facilité.

De même il ne faudrait pas prendre à la lettre la remarque de Durkheim, selon laquelle tout se passerait mécaniquement. Lui-même présente la division du travail comme une solution adoucie de la lutte pour la vie, solution préférée, donc, par les membres du groupe. Et il insiste sur ce fait que la seule densité qui ait à ses yeux force de pression, c'est une densité morale, favorisant en effet action et réaction des consciences les unes sur les autres. Ce qui revient à dire que la morphologie sociale n'exclut nullement mais bien plutôt implique la psychologie.

Le progrès même des recherches de l'équipe qui se groupa autour de Durkheim devait d'ailleurs susciter un effort pour dissocier des éléments encore confondus, à cette première phase, sous la rubrique morphologie sociale. Lorsque nous proposions, nous rapprochant ici de G. Simmel, de définir la sociologie comme l'étude spécifique des formes sociales, le mot « forme » prêtait à l'équivoque. On pouvait entendre les formes matérielles, dessinées dans l'espace, ou bien les formes institutionnelles consistant, par exemple, en certains rapports de hiérarchie. C'est en ce dernier sens que l'entendait G. Simmel lorsqu'il publiait dans le tome I de *l'Année sociologique,* « Comment les formes sociales se maintiennent ». Durkheim n'est pas éloigné de ce point de vue lorsqu'il assigne à la morphologie sociale la tâche de classer les types sociaux. Et il est vrai que les sociétés pour lui se distinguent essentiellement par leur degré de composition, par le nombre des éléments qu'elles ordonnent. Mais cette ordonnance ne se traduit pas seulement par des rapprochements matériels, visibles dans l'espace : elle suppose une structure institutionnelle. M. Mauss, dans le mémoire que nous citions, continuant à employer le mot de « structure », fait observer qu'il comporte plus d'un sens. Il peut désigner des sous-groupes dont l'unité est surtout morale, le groupe domestique, la grande famille, une fédération de clans qui sont en rapports sans être en contact : ou même quelque chose qui n'a plus de rien matériel, un pouvoir souverain, une chefferie dans la tribu, les classes d'âges, la hiérarchie militaire, tous phénomènes qui supposent une organisation juridique, et non pas seulement, un rapprochement physique. Mais nombre de structures se traduisent de façon visible aux yeux. Elles donnent lieu à des manifestations repérables, mesurables, chiffrables. Répartition des populations à la surface du sol, à des points d'eau, dans des villes et des maisons sur le long des routes, emplacements d'industries, réseaux de communications, grands courants humains d'immigration et d'émigration, etc., autant de phénomènes graphiquement représentables dont l'ensemble dessinerait le substrat matériel, et comme le corps et la société.

C'est sur cette morphologie sociale matérielle qu'il faudrait dorénavant insister. Et aucune étude sociologique ne devrait perdre de vue ce substrat physique des sociétés, point de départ et point d'arrivée. « En fait, dit M. Mauss, il n'y a dans une société que deux choses : le groupe qui la forme, d'ordinaire sur un sol déterminé, d'une part ; les représentations et les mouvements de ce groupe d'autre part. » L'étude de ces représentations et mouvements qui commandent tant de transformations du droit, de l'économie, de la morale constituerait la partie physiologique de la sociologie. Et cette physiologie elle-même est essentiellement, dans le cas des groupements humains, une psychologie. Mais quelque forme qu'elle revête elle ne saurait aller loin sans se référer à cette sorte d'anatomie qu'est la morphologie sociale, et qui nous remet à chaque instant sous les yeux les groupements sociaux dans leur totalité concrète.

Qu'en poussant ses recherches de ce côté la sociologie doive rencontrer des terrains déjà labourés par d'autres disciplines – statistique démographique ou géographie humaine en particulier – on le devine. Et ce sera un difficile problème que de préciser les rapports de la morphologie sociale avec ces disciplines, en relevant ce qu'elle en retient ou ce qu'elle y ajoute.

La sociologie, quand elle rencontre la géographie, est tentée de taxer celle-ci d'ambition excessive. N'est-ce pas la constante prétention des géographes d'expliquer l'homme par la terre, les groupements par les régions, les activités par les matériaux ? Déjà Durkheim qui avait publié au tome III de *l'Année sociologique,* la traduction d'un article de Ratzel sur *Le Sol, la société et l'État,* tenait à marquer, contre les tendances impérialistes du « fondateur de l'Anthropogéographie », les limites de l'explication géographique. Il est bien exact que les formes et dimensions des espaces occupés par les États exercent sur leur installation, sur leur orientation, sur leurs préoccupations une indéniable influence. Mais à ne se placer qu'à ce point de vue on est presque fatalement amené à négliger nombre de facteurs capitaux. Il va de soi d'abord que la conception de Ratzel lui-même est trop étroite par cela seul qu'elle est presque exclusivement politique : songeant toujours à la puissance et à l'extension des États, le problème des frontières l'attire par-dessus tout. Mais les transformations de la société, en tant qu'elles sont antérieures à l'État ou qu'elles se développent dans ses cadres, ne sont certes pas moins grosses de conséquences pour le sociologue. À remarquer que les groupements primitifs qui ont, au premier moment, retenu la plus grande attention de l'école de Durkheim, les groupements totémiques ne sont pas forcément des groupements localisés dans un territoire nettement défini : ils échappent au moins partiellement aux prises de la géographie. Observons en second lieu qu'en dehors des formations politiques, des États constitués chers à Ratzel, maintes associations de nature et de tendance économiques subissent bien plus directement que l'État l'influence du sol : cela saute aux yeux pour ces communautés agricoles dont l'étude a été si brillamment renouvelée par des travaux français récents (Marc Bloch, Roupnel, Dion). Mais ici même, même s'il s'agit d'activités productrices, de biens consommables, gardons-nous de trop accorder au substrat matériel. Au tome XI de *l'Année sociologique,* où il discute les travaux de MM. Demangeon sur la *Picardie,* Blanchard sur la *Flandre,* Vallaux sur la *Basse-Bretagne,* Vallier sur le *Berry,* Sion sur la *Normandie Orientale,* M. Simiand observe que, lorsqu'on s'efforce de rattacher la vie économique d'une société au sol qui la porte, on invoque le plus souvent la technique qu'elle emploie, qu'on montre dérivant elle-même de l'environnement physique. Mais le technique n'est pas si étroitement lié au physique. La forme de la charrue n'est pas toujours directement déterminée par la nature de la terre à labourer ni par celle des matériaux les plus voisins du champ. « Il ne suffit pas qu'il y ait des cours d'eau pour que les hommes sachent et veuillent les utiliser, ni des terres arables pour que les hommes sachent et veulent les labourer. » L'ambition géographique, ici, ne risquerait-elle pas de nous faire oublier que le phénomène économique est moins dans les choses que dans l'esprit des hommes, et des hommes associés ? En rappelant aux chercheurs dont il analyse les œuvres, que les réalités terrestres ne doivent pas éclipser les réalités psychiques et sociales, M. Simiand limite par avance la portée des explications spéciales au géographe. La géographie prend son point de départ dans l'analyse des paysages, soit, mais il y a aussi des « paysages intérieurs » qui sont des forces. Sur quelque portion de terre qu'un groupe humain soit installé on aura à compter d'abord avec les aspirations et les traditions caractéristiques de ce groupe, porteur de son bagage intellectuel et moral. Et la nature étant partout plus ou moins modifiée par l'homme, il apparaîtra vite que la dépendance de l'homme à l'égard de la nature d'aujourd'hui est en réalité une dépendance de l'homme d'aujourd'hui à l'égard de ses ancêtres. Partout, entre l'homme et le produit naturel, observera de son côté M. Febvre, s'interpose l'idée. D'où une limitation inévitable du déterminisme géographique. Lorsque le grand rénovateur de la géographie française, Vidal de La

Blache, se laissait entraîner à dire qu'entre la culture du riz et la forme de la famille il apercevait un rapport de cause à effet, il oubliait que des groupements familiaux de même forme se retrouvent en des climats où le riz est inconnu. De même la dépendance de l'habitat humain à l'égard de l'eau potable, dépendance sur laquelle nos géographes ont projeté une si vive lumière, n'empêche que, dans des conditions physiques sensiblement identiques, on trouve des populations tantôt disséminées, tantôt concentrées en villages. Pour la forme même de l'habitat, enfin, qui paraît devoir être en rapports si étroits avec le climat ou le « matériau », maints exemples prouveraient que la propagation d'une forme s'explique bien souvent par la marche d'une civilisation, parfois née sous d'autres cieux, qui envoie au loin ses modèles et ses constructeurs.

Les tenants de la géographie humaine sont-ils tous coupables de l'espèce d'absolutisme que le sociologue leur reproche ainsi ? Croient-ils que la clef géographique ouvre toutes les serrures ? D'autre part oublient-ils ce qui est dû aux initiatives des hommes associés ? M. Febvre formule à ce sujet les plus expresses réserves dans un livre sur *La Terre et l'évolution humaine,* où les conceptions de la morphologie sociale sont discutées pied à pied. M. Demangeon, dans sa thèse sur la Picardie, n'est-il pas le premier à signaler l'installation d'une industrie du fer dans un pays où il n'y a ni fer, ni charbon, et qu'aucune considération proprement géographique ne saurait expliquer ? Au surplus, la plupart des géographes d'aujourd'hui, s'ils signalent méthodiquement les points d'appui – montagnes, plaines ou plateaux – que la nature offre aux civilisations humaines, voient là des possibilités offertes plutôt que des nécessités imposées. Déjà on aurait pu opposer au déterminisme d'un Ratzel le possibilisme d'un Vidal. Celui-ci n'écrivait-il pas : « Dans l'aspect actuel de nos vieux pays historiques, des causes de tous ordres se croisent et s'interfèrent. L'étude en est délicate. On saisit des groupes de causes et d'effets, mais rien qui ressemble à une impression totale de nécessité. Il est visible qu'à un tel moment, les choses auraient pu prendre un autre cours – et que cela a dépendu d'un accident historique. » En tout cas, qu'on n'accuse pas un Vidal de méconnaître la réaction des groupements humains sur les choses elles-mêmes. Les formes diverses de l'activité humaine – agriculture, industrie, urbanisme – ne sauraient manquer de l'intéresser puisque, non contentes de modifier la surface du sol, elles y éveillent, elles font passer à l'acte toutes sortes de virtualités dormantes. Ce qui reste, c'est que dans le sol, dans les aspects variés de cette « couverture vivante », dans les régions climato-botaniques, il trouve son point d'arrivée comme son point de départ. Préoccupé de sauver la spécificité de sa discipline, il répète que la géographie veut étudier « les lieux, non les hommes ».

C'est sur ce point sans doute que se manifesterait le plus nettement la différence entre le géographe et le sociologue. L'important pour celui-ci, le point de départ et le point d'arrivée, c'est toujours l'homme, ce sont les hommes associés. Et sans doute puisque la sociologie, lorsqu'elle devient morphologie, se flatte de porter son attention sur le substrat matériel des sociétés, retrouve-t-elle nombre de faits, dont le géographe étudie les formes, causes et conséquences : la configuration du sol, sa « couverture vivante », flore et faune, sa constitution géologique, les mouvements aussi de l'atmosphère, régime des vents et des pluies, etc. Mais d'autres faits intéressent la morphologie sociale, qui ne sont pas dans la dépendance directe de la terre : par exemple la répartition des races, la concentration ou la dispersion de la population, le rythme de ses mouvements. Ce qui revient à dire que la morphologie sociale aurait à tirer profit non seulement des travaux de la géographie, mais de ceux de la démographie. Les recherches de M. Halbwachs sur *La Population et les tracés de voies à Paris depuis un siècle*, lui sont aussi précieuses que celles de M. Demangeon sur les points d'eau de Picardie, ou celles de M. Dion sur les émergences dans le Val de Loire. S'il est vrai que la sociologie a souvent à utiliser, en s'efforçant de leur imprimer une orientation qui les coordonne, des disciplines préexistantes, celles sur lesquelles elle s'appuierait pour constituer sa section nouvelle sont aisément visibles : géographie humaine et démographie statistique sont les deux piliers de la morphologie sociale. Mais l'idée qui assurerait la convergence féconde de ces deux sortes de recherches resterait celle qui domine toute la sociologie : et c'est une idée synthétique : l'idée du tout que forme un groupement et de ce qu'exige la vie propre d'un ensemble.

Après avoir énuméré les principaux phénomènes morphologiques dont il y aurait lieu d'étudier les tenants et les aboutissants – altérations de structure, pertes de substance humaine par suite de la guerre ou de la famine, destruction de sociétés entières, naissance d'autres sociétés, grands courants humains d'immigration et d'émigration, répartitions urbaines et rurales en perpétuelles variations, communications intra-sociales et extra-sociales, transports de forces et partage des transports internationaux de forces, – M. Mauss observe : « tous ces problèmes supposent non seulement la démographie et la géographie des sociétés, mais la connaissance de leur vie totale. » Parce qu'elle travaille à promouvoir cette connaissance, la sociologie pense fournir une impulsion et une direction utiles aux disciplines qu'elle fait converger.

Il va de soi qu'elle ne saurait se passer, en tout cas, des résultats que celles-ci ont acquis. Et si ces études telles quelles, avant infusion de l'esprit sociologique, se révèlent florissantes, si elles découvrent entre des faits qui intéressent de près ou de loin les sociétés des rapports vérifiables et généralisables, le sociologue ne peut que s'en réjouir. Il serait mal venu à chicaner sur les cadres. Que par exemple les monographies régionales chères à l'école française se multiplient ; bien qu'il y manque souvent des distinctions essentielles aux yeux du sociologue, il tirera grand profit de ces travaux. Il importe que ces recherches locales soient nombreuses et variées pour qu'on puisse quelque jour employer, comme le demande M. Simiand, – en ce qui concerne soit les formes de l'habitation, soit la distribution des maisons et des agglomérations, soit la localisation de telles ou telles industries – la méthode comparative qui permettrait des généralisations.

À noter d'ailleurs que la morphologie sociale une fois constituée, si elle devait, ayant embrassé dans sa totalité le substrat matériel des sociétés, essayer de fournir une explication totale de ce qui s'y passe, risquerait de tomber sous les mêmes reproches que les sociologues naguère ont adressés à la géographie. La connaissance de ce que M. Mauss propose d'appeler l'anatomie des sociétés ne saurait rendre compte à elle seule de leur physiologie. S'il est vrai que, sur le progrès des idées égalitaires ou sur celui de la division du travail, l'accroissement de la densité sociale a exercé une influence, n'est-ce pas une influence entre autres, à laquelle il serait imprudent d'accorder une sorte de monopole ? Durkheim, réfléchissant sur les rapports du physique et du moral, protestait contre la psychologie de tendance matérialiste qui croirait réduire le mouvement des idées au mouvement des cellules. De même l'analyse de tout ce qui constitue le corps de la société ne saurait à elle seule expliquer le système des représentations collectives qui en est l'âme. Il subit d'autres influences que celles qui émanent du sol, de la population, de la manière dont celle-ci s'installe en celui-là. Sans parler de l'autonomie relative avec laquelle ces représentations peuvent se développer une fois constituées – agissant et réagissant les unes sur les autres selon les lois d'une psychologie spéciale qu'il resterait à étudier – n'arrive-t-il pas qu'elles subissent l'action de ces courants de civilisation qui débordent les frontières ? Interventions que la seule géographie ni même la morphologie sociale entendue au sens large ne pouvait nous faire prévoir. Elles sont matière d'histoire et c'est pourquoi il importerait maintenant de préciser les rapports de notre discipline, non plus avec la géographie, mais avec l'histoire.

Chapitre IV

Sociologie et histoire

Lorsque s'est constituée l'école qui devait le plus nettement s'appliquer, en France, à rendre positive l'étude des sociétés, ses ambitions ont choqué plus d'un esprit. On a paru croire, parfois, qu'elle prétendait faire table rase de ce qui pouvait être acquis en pareille matière et qu'en particulier elle n'aurait que dédain pour le travail des historiens. Durkheim n'avait-il pas déclaré qu'il ne saurait admettre la « méthode historique » préconisée par son prédécesseur Auguste Comte ? En réalité les critiques de Durkheim portaient sur la conception très particulière que Comte se faisait de l'évolution de l'humanité. Il l'envisageait comme un être unique au lieu de distinguer les espèces sociales. Et il pensait avoir découvert du premier coup une loi d'évolution – la loi des trois états – toujours et partout applicable. C'est contre ces prétentions que Durkheim s'insurge. C'est à cette philosophie de l'histoire, trop rapide, qu'il reproche d'être encore une vue *a priori*, une synthèse à vol d'oiseau. Et au fond son principal reproche au grand penseur qui lui ouvre la voie serait précisément qu'il ne s'est pas mis assez modestement à l'école des disciplines historiques.

Fera-t-on remarquer que le champ étudié par celles-ci, embrassant toutes les séries d'événements, – les uns logiques, les autres contingents, du moins en apparence, – qui influent sur les destinées des sociétés humaines, est celui qui se prête le moins aux inductions des sociologues ? Ils sont beaucoup plus à leur aise s'ils remontent à ces sociétés primitives qui n'ont pas d'histoire. Du moins le plus souvent ignorent-ils celle-ci. Et ainsi ils se trouvent en face d'institutions et de croyances dont il leur est plus facile de dégager les rapports.

Ou bien alors qu'ils se reportent à l'autre extrémité de la ligne. Qu'ils fixent leur attention sur le présent. Ici du moins, ils pourront se livrer non seulement à des observations précises, mais à des expérimentations véritables. Ici ils pourront formuler en chiffres les rapports qu'ils saisiront sur le vif. Des comparaisons de statistiques rendront enfin leurs inductions possibles. Ainsi, ethnographie et statistique, les sociologues seraient condamnés à osciller entre ces deux pôles : ils se trouveraient refoulés, tantôt vers le plus lointain passé, tantôt vers le seuil de l'avenir. Quant aux périodes intermédiaires, chasse gardée, terres réservées aux historiens.

Mais qui ne voit, dès le premier coup d'œil, que si la sociologie prétend être une étude comparative et synthétique, mais d'abord positive des institutions humaines, de leurs tenants et aboutissants, elle ne saurait se passer des renseignements recueillis dans ces périodes intermédiaires ? Si elle ne veut plus inventer, construire a priori, son champ plus large d'observations est celui-là même où les historiens travaillent, et depuis des années, avec un esprit enfin scientifique. Qu'il s'agisse des rapports du politique avec l'économique, ou de ceux des croyances religieuses avec l'esprit scientifique, ou des nations avec les civilisations, c'est toujours à l'histoire que le sociologue demande des faits. Et il ne connaît pas d'autres sources.

Est-ce à dire que la sociologie doive se confondre avec l'histoire, du moins telle qu'elle a été jusqu'ici comprise ? Que les points de vue des deux tribus diffèrent, même lorsque leurs membres se rencontrent sur le même champ de travail, cela aussi est manifeste au premier coup d'œil. L'histoire est avant tout un mélange de hasards et de fatalités, indiquait le meilleur de nos logiciens en la matière, celui-là même que Tarde mettait à cent coudées au-dessus de Comte, Augustin Cournot. L'historien pur n'aurait-il pas tendance à insister sur les hasards, les coïncidences, les initiatives, tout ce qui donne l'impression que les choses auraient pu tourner autrement ? Tandis que le sociologue soulignerait les nécessités diverses auxquelles le mouvement des sociétés paraît obéir. Paul Lacombe, plus tard, dans *L'Histoire considérée comme science,* demandait qu'on distinguât nettement entre « l'événement », ce que jamais on ne verra deux fois, et « l'institution », encadrant par définition des actes qui se répètent. À l'historien donc le récit des événements, au sociologue la science des institutions.

Soit. Formules acceptables en gros. Mais il est trop clair que pour cadrer avec la pratique, elles devraient subir plus d'une retouche, accepter plus d'une nuance. On l'a observé depuis longtemps : il y a historiens et historiens, les uns plus près, les autres plus loin des préoccupations sociologiques. Et cela dépend sans doute des matières traitées : qui fait l'histoire des institutions, surtout s'il se permet quelques comparaisons, est plus naturellement sur le chemin de la sociologie. Cela dépend aussi des tours d'esprit : les uns préférant le récit des accidents qui étonnent, les autres l'explication qui rend les choses scientifiquement intelligibles.

M. Seignobos, à la fin de son *Histoire politique de l'Europe contemporaine,* opposait, aux actions lentes et continues, les initiatives individuelles qui expliquent des changements de régimes, et présentait l'histoire dans *l'Introduction aux Études historiques* qu'il a écrite en collaboration avec M. Langlois comme un « enchaînement évident et incontesté d'accidents ». Mais depuis, le même auteur nous a donné une *Histoire sincère de la nation française* presque sans individus, où la part des accidents est réduite au minimum. Plusieurs de ses collègues ou de ses prédécesseurs, soucieux comme lui d'écrire une histoire objective, dégagée de tout romantisme, avaient d'ailleurs amorcé des comparaisons méthodiques d'où les lois pouvaient sortir. Le plus illustre exemple n'avait-il pas été fourni par Fustel de Coulanges lui-même ? La *Cité Antique* cherche à expliquer la formation des institutions, non seulement à Rome, mais en Grèce et chez les autres peuples de race aryenne, par la prédominance de ce que Durkheim appellera des représentations collectives. Parmi les ouvrages de ses successeurs, nous pouvons citer, comme un excellent spécimen d'histoire à tendance sociologique, les études de M. Gustave Glotz sur la *Solidarité de la famille en Grèce.* Athènes lui sert de centre. Et c'est dans la civilisation athénienne qu'il voit le plus clairement se développer ce progrès du droit qui fait passer de la vengeance entre familles à la justice déjà individualiste de la cité. Mais il indique que les phases de ce développement, se déroulant selon des rythmes plus ou moins rapides, se retrouvent sous d'autres cieux, chez d'autres races. Et c'est vraiment vers une vue générale de l'évolution du droit qu'il oriente l'esprit des historiens.

Au fond, ce qui différencie les esprits en pareille matière, ce qui distingue historiens-historisants, historiens-sociologisants, et sociologues proprement dits, c'est l'idée qu'ils se font de ce que c'est qu'une cause, et une, loi, et une explication. Pour clore des débats sans cesse renaissants, il faudrait qu'on arrivât à s'entendre sur ces notions philosophiques. C'est à quoi on s'est plus d'une fois essayé avant la guerre, en des discussions qui sont restées fameuses, soit dans la *Revue de Synthèse historique* (Simiand, Mantoux, 1903), soit la *Société Française de Philosophie* (Simiand, Seignobos, 1913). Nous ne résumerons pas à nouveau ici les thèses qui restent en présence et sur lesquelles nous nous sommes exprimé déjà dans un livre intitulé *Qu'est-ce que la sociologie ?* Nous y montrions en particulier de quelle utilité restent les distinctions proposées par Cournot.

Ce que nous voudrions noter maintenant, c'est le progrès qu'a pu faire la question en France depuis la guerre, et sous quelles influences.

En France plus encore que dans les autres pays, il y a eu, en ces dernières années, un nouveau mouvement de réflexion sur l'histoire, ses méthodes, son objet, son caractère « tendancieux » ou « objectif ». Mouvement dû, pour une grande part, aux contrecoups intellectuels de la situation faite au monde, et spécialement à l'Europe, par les secousses de la guerre et le désordre de l'après-guerre. Du déchaînement des passions qui ont lancé les nations les unes contre les autres, beaucoup d'éducateurs ont rendu responsable l'enseignement de l'histoire tel qu'il a été jusqu'ici compris : exaltant l'orgueil national, suggérant aux enfants d'un pays méfiance et mépris à l'égard des autres. C'est pourquoi ces éducateurs, s'efforçant de se concerter par-dessus les frontières, ont préparé l'épuration des manuels d'histoire et mis à l'index ceux qui leur paraissent dangereux pour l'esprit de paix. Mais ils ne s'en sont pas tenus à cette attitude négative. Ils ont demandé des manuels nouveaux, souhaité que la recherche historique, dont les résultats alimentent de proche en proche l'enseignement, mit plus méthodiquement en lumière l'interdépendance des peuples, les convergences de leur culture, et se plaçât plus volontiers, enfin, à un point de vue « universaliste ». Ainsi se sont institués des Congrès destinés à rapprocher éducateurs et historiens.

Sans attendre d'ailleurs ces sollicitations, les historiens de leur côté avaient éprouvé le besoin de se réunir pour faire œuvre internationale. Protestant contre toute immixtion des « moralistes », contre tout projet qui demanderait à l'histoire d'être tendancieuse, et avertissant qu'elle n'avait pas à servir la cause de la paix pas plus que celle de la guerre, mais seulement celle de la vérité, ils proclamaient aussi que devant la masse des documents à publier, à interpréter, à ordonner, les historiens des divers pays avaient plus d'intérêt que jamais à se concerter. Répondre à ce besoin, ce fut l'œuvre du Comité international des *Sciences historiques,* organisateur des Congrès d'Oslo (1928) et de Varsovie (1933).

Indépendamment des publications de ce Comité, il faudrait – cela va de soi – faire entrer en ligne de compte les œuvres de synthèses historiques et les histoires générales entreprises en France au lendemain de la guerre. L'esprit qui les anime – et qui se manifeste non seulement dans les préfaces et les conclusions, mais dans la façon dont les faits sont ordonnés ou expliqués – est symptomatique : il peut nous aider à faire le point.

À ces trois sources, – Congrès d'éducateurs, Congrès d'historiens, Collections d'histoire générale, – quelles indications utiles pouvons-nous puiser concernant la façon dont sont compris aujourd'hui les rapports de l'histoire avec la sociologie ?

Il est remarquable que nombre d'éducateurs paraissent compter, pour les tirer de peine, pour les aider à réagir contre le particularisme de l'enseignement historique, sur l'intervention de l'esprit sociologique. Comme le remarquait M. Parodi, au Ve *Congrès international d'Éducation* morale, comme l'indiquait déjà Durkheim, l'histoire n'a été trop longtemps que la mémoire collective et spontanée des sociétés. Lorsque ces sociétés ont pris dans les temps modernes la forme de nations proprement dites, pourvues de tous leurs organes et armées de pied en cap, elles sont naturellement attachées à mettre en relief ce qui les distingue, à faire valoir leur patrimoine original. À ce stade « l'histoire ne se sépare pas du patriotisme, elle est le patriotisme même, puisque seule elle donne à un peuple la conscience de lui-même ». Mais, en insistant sur cet aspect de la réalité sociale, n a-t-on pas négligé d'autres aspects, qui ouvraient à l'esprit des générations nouvelles de plus larges perspectives ? Les sociologues n'ont-ils pas été amenés à faire une part croissante aux conquêtes de la civilisation internationale, qui fait passer par-dessus les frontières nombre de mythes, de rites, de procédures, de méthodes ? (Nous l'avons vu plus haut, lorsque nous avons indiqué les conséquences des réflexions de M. Mauss sur *La Notion de civilisation*.)

De ce point de vue, déclare M. Émery, « considérer une nation dans une autonomie irréelle, c'est s'enfermer dans la convention la plus déraisonnable ». Et il demande une refonte des matières à enseigner qui serait favorisée par « la tendance qui rapproche l'histoire de la sociologie ». Tant que les événements dynastiques, diplomatiques, militaires, constituaient le fonds banal de l'histoire scolaire, leur particularité restait irréductible ; mais ils ont été progressivement remplacés par l'étude, ou plutôt la description des faits généraux de civilisation : voyages, essors industriels ou commerciaux, colonisation, diffusion de nouvelles idées politiques et religieuses, progrès des techniques, etc.

L'auteur s'est d'ailleurs efforcé de montrer par une série d'exemples, publiée dans l'École libératrice depuis 1932, sur quoi pouvait porter un enseignement ainsi compris. M. Belliot, de son côté, proposait un plan d'études destiné à faire comprendre aux enfants « les progrès matériels réalisés au cours des âges, soit par le travail obscur d'innombrables artisans, soit par le labeur génial de puissantes individualités ».

La tendance est claire : c'est un effort pour substituer aux histoires nationales une histoire générale qui serait une histoire de la civilisation et spécialement des progrès matériels. Que sur plus d'un point les travaux des sociologues préparent des satisfactions à cette tendance et fournissent d'ores et déjà des exemples dont un enseignement ainsi compris pourrait se servir, cela n'est pas douteux. Il n'est pas sûr pour autant qu'il y ait coïncidence exacte entre cette histoire « universaliste » et la sociologie. D'abord parce que la sociologie – comme l'a rappelé M. Mauss discutant les préfaces de H. Berr (dans l'Année sociologique de 1923-1924), n'aspire pas à remplacer l'histoire. Il y a des événements, grands ou petits, dont la narration importe à l'histoire ; le sociologue, lui, réserve son attention pour la formation et les transformations des institutions entendues lato sensu. Il n'aurait garde d'ailleurs, ni d'expliquer le mouvement des institutions par les seuls progrès de la technique, ni de méconnaître l'importance centrale d'organisations comme celles des nations et des États. Plusieurs avenues demeurent ouvertes à ses recherches spécifiques.

Il reste vrai que la confrontation des histoires des différents groupements humains – mettant en vedette et leurs similitudes et leurs différences – est spécialement utile aux sociologues. Sans l'usage de la méthode comparative, ils seraient condamnés ou aux déductions a priori ou aux constatations empiriques. C'est pourquoi ils ne peuvent que se réjouir s'ils voient les historiens eux-mêmes sentir l'utilité de cette méthode et essayer de définir les conditions auxquelles ils pourraient y revenir, sans retomber pour autant dans les théories trop ambitieuses de la philosophie de l'histoire. À cet égard, le *Bulletin du Comité international des sciences historiques* fournit, au compte rendu du Congrès de Varsovie, une série d'études parallèles sur le despotisme éclairé en France, au Danemark, en Espagne, en Italie, en Suède, en Allemagne, qui permettent les plus précieuses comparaisons ; elles montrent ce que peut ou ne peut pas un même système en face de circonstances historiques différentes. Particulièrement intéressant aussi pour le sociologue est le programme de recherches convergentes proposé par M. Émile Lousse pour l'étude, à la fois historique et juridique, des Assemblées d'États dans les divers pays d'Europe (vol. V, partie I, p. 90 à 96). Plus suggestifs encore sont les desiderata exprimés par M. Marc Bloch. Après avoir étudié, avec un grand souci d'ordre en même temps que de précision, la formation de la classe rurale en France (*Les caractères originaux de l'histoire rurale française,* Paris, Les Belles-Lettres, 1931, 261 p. in-8°), il indique que pour expliquer comment presque partout le seigneur, de grand exploitant, se mue en rentier, la comparaison est le seul recours, car « lorsque nous serons parvenus à dater exactement les différentes évolutions régionales et à apprécier leur ampleur, il nous deviendra possible, comme par une expérience naturelle, d'éliminer certains facteurs et de peser la valeur relative des autres. La discrimination des effets et des causes, à laquelle s'opposait, à l'intérieur d'une aire sociale limitée, l'absence de datations exactes, c'est au décalage des diverses courbes qu'il faut en demander le secret. »

Dans plus d'une Histoire générale en voie de publication, on pourrait noter que des préoccupations analogues se font jour, qui ne se seraient pas imposées avec la même intensité sans les problèmes posés et les hypothèses proposées par la sociologie. Presque toutes professent l'ambition de réagir contre le cantonnement de l'histoire, de renoncer aux vieux cadres géographiques, d'insister sur les connexions, sur les interdépendances, sur les « grands courants d'idées et de civilisations » (v. *Peuples et Civilisations. Les Premières Civilisations*).

Ici on invoque une « loi de renaissance », préparatrice des civilisations nouvelles (*Les Barbares*). Là on rappelle la décomposition spontanée des Empires qui, chez les Barbares comme chez les Romains, fraie d'avance un chemin aux invasions. Un autre collaborateur de la collection explique les convulsions dont a souffert Rome avant l'Empire « par le fait que des institutions anciennes, faites pour un organisme strictement municipal, n'ont pu s'adapter au gouvernement d'un monde conquis peu à peu ». Passons maintenant aux raisons de la décadence de l'Empire romain. « Une des raisons pour lesquelles l'Empire romain lui-même cessait d'exister, remarque M. Albertini, était l'excessive étendue de ses frontières, la difficulté de maintenir dans un espace démesuré une cohésion. Une autre était la situation humiliée et méprisée dans laquelle avait été laissée une grande partie du peuple : l'aristocratie et la bourgeoisie qui gouvernaient l'Empire étaient recrutées dans toutes les provinces, la masse des petites gens restait à l'écart des affaires publiques et s'en désintéressait. Enfin la dépopulation et les crises de production qu'elle entraînait ont gravement atteint l'économie du monde romain ; elles ont posé des problèmes qui étaient insolubles pour les anciens, dans l'état de leur science et de leur technique. » Raisons satisfaisantes pour le sociologue ; car elles tiennent à la morphologie sociale, à la structure même de l'Empire, au degré de civilisation qu'il atteint. Preuve que l'attention des historiens, en de pareilles collections, est aiguillée, par les comparaisons mêmes auxquelles ils ne peuvent s'empêcher de se livrer, vers l'étude des effets propres aux formes et aux institutions sociales.

Comme il est naturel, c'est dans la collection intitulée *l'Évolution de l'Humanité* (Bibliothèque de Synthèse historique) et dirigée par M. Henri Berr que ces tendances sont le mieux mises en évidence. On a souvent dit, – notamment dans les comptes rendus de *l'Année sociologique,* – les éminents services rendus par cette collection à la cause chère aux sociologues. On a fait remarquer aussi que les réserves sur lesquelles M. Henri Berr insiste dans ses préfaces, lorsqu'il fait allusion à l'École de l'*Armée sociologique,* ont peut-être moins de gravité qu'il ne semble à la première apparence. La sociologie telle que nous la comprenons ne prétend nullement remplacer à elle seule l'histoire, ni nier en tout et pour tout l'individu. Lorsque nous voyons ces discussions renaître, c'est alors que nous ne pouvons nous défendre de la pensée qu'un retour à Cournot serait salutaire. Le théoricien du hasard n'a-t-il pas proclamé tout le premier que la constatation des accidents et des initiatives ne devait nullement nous empêcher ni de dégager l'allure générale des siècles, ni de relever des régularités dans le monde humain, ni de retrouver des analogies entre sociétés de même type ? La part des différentes espèces de causes qui concourent ne saurait être déterminée *a priori* : en face de chaque cas particulier, établissons ce qui est explicable par les transformations des formes sociales et des croyances collectives. S'il demeure un résidu qu'on ne peut comprendre sans le rattacher aux effets d'une coïncidence ou à l'action d'un tempérament individuel, nous laissons à l'histoire le soin d'en faire le récit, tout en maintenant pour notre part qu'une explication par des causes générales rend les choses plus intelligibles, apporte à l'esprit des satisfactions rationnelles. Dans un livre récemment paru de la collection de Synthèse historique, *La Monarchie féodale,* par M. Petit-Dutaillis, on trouverait des exemples pour justifier ces distinctions. M. Petit-Dutaillis ne veut pas que, sous prétexte d'écrire l'histoire des institutions, on néglige de se représenter les hommes. Il attribue une grande importance aux tempéraments des hommes qui ont le pouvoir en main : Philippe Auguste, névrosé sans doute, mais opiniâtre ; Jean sans Terre, cyclothymique avéré ; saint Louis dévot exalté, mais volonté ferme et qui sait s'imposer. Celui-ci en particulier aura beaucoup contribué à préparer en France la religion de la monarchie.

Mais qu'en même temps des causes générales y aient concouru, c'est ce que M, Petit-Dutaillis ne néglige pas de montrer. Comment le besoin de protection et spécialement de protection en cour de justice amène à la recommandation, et celle-ci, se généralisant, au développement du système féodal qui liait par des obligations réciproques, quoique inégales, le suzerain et le vassal ; comment ce système, n'ayant pour principe que le lien personnel et la foi jurée, portait en soi, à côté de l'esprit chevaleresque, des ferments d'anarchie brutale et de barbarie guerrière qu'une monarchie forte et constamment présente pouvait seule, au moyen âge, empêcher de se développer ; comment le roi, usant de ses prérogatives de suzerain supérieur, les faisait consacrer et renforcer par l'autorité de l'Église, celle-ci mettant à sa disposition non seulement ses principes et ses rites, mais un personnel administratif éprouvé, – ces thèmes sont dans le livre autant de phases d'une démonstration ; on y voit des besoins collectifs chercher satisfaction, des traditions consacrées venir à leur secours, des croyances se constituer qui élargissent la zone d'ordre et de paix. Le problème est d'ailleurs plus ou moins vite résolu, il admet des solutions tant soit peu différentes : en Angleterre, la nation cherche bientôt son unité dans la résistance au roi, en France elle tend plutôt à s'unifier autour de lui. Cette perpétuelle confrontation, permettant de noter différences et ressemblances, donne aussi l'occasion de mesurer jusqu'où va le parallélisme dans le développement des institutions. Et c'est en ce sens que le livre, comme le remarque M. H. Berr dans la préface, est un livre de sociologie.

Sur cet exemple, on pourrait éprouver la valeur des distinctions méthodologiques proposées par M. H. Berr (dans ses livres, sur la *Synthèse en histoire* (1911), sur l'*Histoire traditionnelle de la Synthèse historique* (1921), dans la collection de ses préfaces : *En marge de l'Histoire universelle* (1934), et aussi dans un article qu'il a écrit, en collaboration avec M. Febvre, pour *The Encyclopædia of the social sciences,* vol. VII, art. « History »). Il faudrait en toute matière historique distinguer la part de la contingence, celle de la nécessité, celle de la logique. *La logique,* dans le cas qui nous occupe, ce serait sans doute le développement des théories du pouvoir par lesquelles l'Église vient au secours de la royauté naissante . La *nécessité,* ce seraient les tendances naturelles de groupements qui, cherchant un principe de paix et d'équilibre, ne le trouvent que dans un perfectionnement du système féodal. L'élément *contingent,* lequel aurait pu être tout autre qu'il ne fut en réalité, ce serait le tempérament des deux nations comparées, et d'abord le tempérament de leurs chefs. Les deux premiers thèmes de recherches seraient particulièrement intéressants pour le sociologue, la *logique* aussi bien que la *nécessité.* Car ce ne sont pas seulement les conditions quasi organiques de la vie des sociétés qui retiennent son attention. Il est bien loin de nier l'action des idées, le déroulement des conséquences qu'entraînent certains principes une fois posés : il postule seulement que les principes en question ont plus de chances d'exercer une action profonde lorsqu'ils correspondent à des croyances communes et impératives. Quant aux accidents ou aux initiatives personnelles qui pourraient accélérer ou retarder ce double mouvement, logique et social, le sociologue laisserait à l'historien le soin de nous les faire admirer.

il va de soi, d'ailleurs, que, même lorsqu'il s'agit d'expliquer les succès des initiatives individuelles, – de ces coups d'ailes qui déclenchent les avalanches, pour reprendre l'image de Tarde, – la sociologie a son mot à dire. C'est ce qui ressort des exposés suivis de discussions, présentés à la *troisième Semaine internationale de Synthèse,* sur l'individualité. Des biologistes, des psychologues, des sociologues eurent l'occasion de confronter leurs points de vue. Pour l'objet qui nous occupe ici, la communication à retenir est celle que M. Lucien Febvre consacre au « Personnage historique ». Ce serait celui dont l'œuvre exerce une influence non pas seulement sur un groupe particulier, mais sur la civilisation : grandes religions, grands systèmes d'idées, formes et œuvres d'art, inventions scientifiques et techniques. Une œuvre de force – une conquête par exemple – ne devient œuvre historique que dans la mesure où, cessant d'être une opération d'intérêt « tribal » ou « national », elle revêt le caractère d'un transfert, d'une extension ou d'un approfondissement de civilisation. L'auteur se réfère ici expressément à la communication antérieure de M. Mauss sur la civilisation, où celui-ci insistait sur l'intérêt que présentent pour la sociologie les migrations, les emprunts de toutes sortes qui passent par-dessus les frontières. (Mais, se servir de ce critère pour définir le personnage historique, n'est-ce pas une exagération inverse de celle qui a été longtemps commise ? Jeanne d'Arc, dont l'effort consiste à sauver un groupe national de l'occupation étrangère, ne serait donc plus à ce compte un personnage historique ?) L'important est de savoir à quelles conditions le novateur peut exercer son action. Or il n'est qu'un ferment qui fait lever une pâte, Il a besoin de toutes sortes de collaborations qui entraînent presque fatalement des déformations. Bref, des adaptations, des compromis s'imposent. Et le social, par cette voie encore, vient résorber, « digérer » l'individuel. On a dit, observait M. Smets dans la discussion qui suivit, que ce sont les grands hommes qui font l'histoire : il faut ajouter inversement que c'est l'histoire qui fait les grands hommes.

Ainsi la sociologie, même en présence de ce que M. Simiand appelle les « faits événementiels » – initiatives, inventions, rencontres de toutes sortes – aurait son mot à dire. Rechercher les conditions générales – et notamment les « faits institutionnels » – qui ont rendu possible le succès d'une initiative ou les répercussions d'une rencontre, c'est en tout état de cause diminuer la part du mystère. Pour expliquer scientifiquement les faits particuliers, ne faut-il pas toujours se référer à une relation généralisable qui rende le fait intelligible ?

Mais les explications elles-mêmes de la sociologie ne seraient que partielles ? Elle ne nous fournirait pas à elle seule les éléments de cette synthèse historique qui était naguère le monopole de la philosophie de l'histoire, et que nous voudrions reconstruire sur des assises positives ? M. Berr insiste volontiers sur cette incapacité. La sociologie proprement dite semble rester à ses yeux une science abstraite. Elle considère les sociétés en tant que *sociétés* seulement. Elle « isole l'élément social et après l'avoir traité par la méthode comparative, fournit à l'histoire des résultats élaborés qui éclairent un des aspects de la causalité ». Un des aspects : mais bien d'autres demandent à être éclairés à leur tour. Et c'est pourquoi l'effort de synthèse historique devra toujours déborder les cadres de la sociologie.

Vers des conclusions analogues semblaient portés la plupart des membres du *XIe Congrès de l'Institut international de sociologie,* qui se demandaient récemment si la sociologie était capable de prévision. Les réponses, pour la plupart sceptiques, impliquaient que la sociologie était bien loin de fournir une explication totale du mouvement historique.

Pour répondre à cette argumentation il faudrait distinguer. Elle vaut sûrement contre une sociologie qui voudrait demeurer « formelle » : qu'il s'agisse de formes matérielles ou de formes institutionnelles il est clair qu'on peut par leur action expliquer une grande part de ce qui se passe, mais non pas tout ce qui se passe dans les sociétés. Mais si, comme le demande M. Mauss, à la morphologie on ajoute la physiologie, si l'on tient compte du fonctionnement de diverses institutions – économiques ou politiques aussi bien que juridiques ou religieuses – de la façon dont elles réagissent les unes sur les autres et sur les ensembles qu'elles servent, alors la plate-forme est singulièrement moins étroite : le sociologue est obligé de montrer à l'œuvre des concours de causes qui tendent à entretenir une vie collective multiforme. Sociologie générale synthétique, et non plus uniquement formelle, qui nous rapprocherait davantage de la complexité du donné historique.

Mais le degré de ce rapprochement ne saurait guère être déterminé *a priori*. Il y faudrait les verdicts de l'expérience. Elle seule pourrait trancher le débat en établissant où s'étendent et où ne s'étendent pas les conquêtes de cette sociologie générale. Mais pour qu'on en puisse juger, celle-ci est-elle d'ores et déjà intégralement constituée ? Nous en sommes loin. Et les sociologues ne sont pas les derniers à le proclamer. Qu'on mesure plutôt l'étendue du programme que lui trace M. Mauss, dans son article sur les « Divisions et proportions des divisions de la sociologie » (Année *sociologique*, nouvelle série, 1924-1925 ». Elle aurait à coordonner les résultats de recherches sociologiques spéciales – économiques, juridiques, religieuses, etc., – en les rapportant toujours à ces touts que sont les groupes. Elle mettrait en lumière ce qui constitue les systèmes sociaux et ce qui est dû à leur influence, elle relèverait la propagation des faits de civilisation par-dessus les frontières des groupes. Toutes tâches qui supposent d'immenses enquêtes, des réponses à des questionnaires méthodiquement établis, des études « sociographiques » de toutes sortes, un travail cyclopéen.

Mais imaginons-le mené à bien. La sociologie ainsi constituée, armée de pied en cap, rendrait-elle inutile les récits, les tableaux, les synthèses d'une histoire universelle ? Nous ne croyons pas qu'elle ait jamais eu cette prétention. Il y aura toujours du contingent, du chronologique, de l'historique à relever à côté du social, du nécessaire, du rationnel. Seulement le filtrage des deux éléments, comme dit M. Mauss encore, s'opérera mieux si les deux tribus – sociologues et historiens – chacune connaissant les ambitions et les traditions de l'autre, se rencontrent sur les mêmes terrains de chasse. Des rencontres de ce genre se font sous nos yeux de plus en plus fréquentes. C'est pourquoi il est permis d'espérer qu'à l'antagonisme dénoncé naguère succédera, entre l'histoire et la sociologie en France, une collaboration de plus en plus fructueuse.

Chapitre V

Sociologie juridique

La sociologie et la science du Droit n'ont pas toujours fait bon ménage chez nous. Beaucoup de juristes français, habitués à tirer d'un certain nombre de textes, par un effort de logique, des conclusions pratiques précises, voyaient sans plaisir grandir une discipline dont l'objet leur paraissait vague autant que les prétentions immenses. Bon pour les Facultés des Lettres et pour les Écoles Normales primaires, un enseignement portant sur les différents types de sociétés ou sur les différents moments de l'évolution sociale se serait démontré inutile, sinon dangereux, dans les Facultés de Droit. À grand'peine et comme à regret, elles avaient ouvert leurs portes à l'économie politique. Celle-ci avait du moins le mérite de porter ses recherches sur des intérêts, sur des choses mesurables et chiffrables. Quant aux spéculations sur la statique ou la dynamique sociales, apparentées aux rêveries de Comte sur le Grand Être, elles ne pouvaient guère que troubler, sans profit pour leur culture générale, l'esprit des praticiens.

Cette attitude de défiance a fini par céder, semble-t-il. Entre les deux disciplines qu'on eût volontiers opposées les rapprochements, en fait, se multiplient. Non seulement on voit des sociologues de plus en plus nombreux se mettre à l'école du Droit, mais de plus en plus nombreux aussi des juristes, cherchant dans l'étude des Codes et des Coutumes des renseignements sur l'esprit des peuples, sont amenés, soit par leurs recherches sur l'histoire du Droit, soit par leurs réflexions sur le Droit naturel, à tenir compte des théories sociologiques. Symptôme remarquable : près d'une dizaine de professeurs de Droit font maintenant partie de l'*Institut français de Sociologie,* dont le noyau a été fourni par l'équipe de l'*Année sociologique.* D'autre part, les *Archives de Philosophie du Droit* s'étant récemment fondées, elles ont ajouté à leur titre principal : *et de sociologie juridique.* Dans les congrès que suscite l'Institut dont elles sont l'organe – par exemple aux travaux de la Ire Session, sur le *Problème des sources du Droit positif* – elles invitent à une réflexion commune des sociologues aussi bien que des juristes proprement dits.

Rapprochement attendu, un jour ou l'autre inévitable. Les pioches des deux équipes, en creusant chacune de leur côté leurs galeries, ne devaient-elles pas fatalement se rencontrer ?

Pour la sociologie, il saute aux yeux qu'elle ne saurait se passer de l'étude des lois et coutumes, et qu'elle devrait inscrire sur la maison qu'elle veut édifier : « que nul n'entre ici s'il n'est juriste ». Sans doute l'idée, et le mot même de Droit faisaient horreur à Auguste Comte. Cela veut dire que la conception du Droit qui l'emportait à l'époque où se formait sa pensée, – la conception individualiste, – lui semblait incompatible avec l'idée qu'il se faisait du Grand-Être et des devoirs de l'individu envers le tout. N'empêche que pour établir, en fait, comment s'organisent les rapports des individus entre eux et avec les ensembles qu'ils forment, la connaissance des règles qu'ils s'imposent est le plus commode des instruments d'observation. La chose n'a pas échappé à ceux qui, sur le terrain de la recherche scientifique, continuent le plus directement l'œuvre d'Auguste Comte. Dès sa thèse sur la *Division du Travail social,* Durkheim pensait saisir à travers le Droit les deux formes principales de la solidarité. Le volume du Droit répressif l'emporte sur celui du Droit restitutif lorsque la solidarité est « mécanique », les ressemblances imposées, le conformisme dominant. Le Droit restitutif gagne au contraire lorsque la solidarité est « organique », les différences permises, l'individualisme toléré. Au surplus, les disciples de Durkheim (par exemple MM. Mauss et Fauconnet dans l'article *Sociologie* de la *Grande Encyclopédie*) n'étaient-ils pas amenés à définir leurs disciplines comme l'étude comparative des institutions par lesquelles s'entretient la vie propre des groupes ? Et sans doute ils entendaient ici institution au sens large ; ils songeaient aux diverses habitudes collectives, qui s'imposent aussi bien dans l'ordre du langage que dans celui des pratiques économiques. De son côté M. Albert Bayet, étudiant les variations de l'opinion en matière de suicide, dans la thèse intitulée *Le Suicide et la Morale,* observait qu'il ne saurait suffire, pour les mesurer, de s'en tenir aux codes. Les lois sont ici souvent en retard sur les mœurs. C'est pourquoi le sociologue devra, pour saisir les réalités qui l'intéressent, compléter et au besoin corriger les révélations du Droit par celles des us et coutumes de toutes sortes, par l'étude des langues, par celle des littératures. (V. La *Science des faits moraux* et aussi l'Avertissement mis en tête de la *Morale des Gaulois*.) Il n'importe : la réflexion sur le système des lois demeure l'initiatrice nécessaire : par lui sont précisées et sanctionnées les obligations essentielles, celles qui fournissent des garanties aux prétentions reconnues légitimes, celles qui permettent à la vie sociale de durer dans la paix, celles qui constituent comme l'armature d'une société. Et c'est pourquoi M. Hubert, dans un article du premier numéro des *Archives* que nous signalions plus haut, pouvait maintenir que le fait juridique est l'aspect réglementé de toutes les choses sociales, que l'esprit des lois est le rapport que les lois soutiennent avec la mentalité collective tout entière, et qu'en un sens, la sociologie juridique est toute la sociologie.

Comment les juristes, de leur côté, n'auraient-ils pas aperçu ces rapports ? Un Code n'est pas une chose en l'air. Même si on le présente comme révélé, descendu du ciel, il tient à la terre par cent racines. Il révèle une certaine situation historique, un certain état des croyances, des intérêts, de la façon dont les hommes les entendent et les défendent . Que ce donné change, les règles qui fixent le légitime et l'illicite tôt ou tard se modifient. Ce sentiment, à la fois relativiste et organiciste, qui rattache les lois à la vie des groupes, l'histoire du Droit suffit à le suggérer. Elle a sa place dans nos Facultés de Droit, à côté de l'enseignement dit dogmatique – une technique à vrai dire – qui consiste à faire connaître aux futurs avocats, juges, avoués, les lois qu'ils auront à appliquer. Sans doute, c'est surtout l'histoire du Droit romain, présenté comme un modèle incomparable, plus encore que comme un exemple entre autres, qui a été à l'honneur chez nous. Mais progressivement, le champ des observations s'est élargi. On a ainsi été amené à comparer les règles et procédures en vigueur dans le Droit romain, non seulement avec celles des sociétés germaniques, mais avec celles des sociétés primitives. Les études de Dareste sur l'*Histoire du Droit* ont trouvé des continuateurs. À Lyon comme à Paris, des *Instituts de Droit* comparé fonctionnent qui confrontent les plus récentes législations, pendant qu'un *Institut d'Ethnologie juridique* nous renseigne sur les formes de Droit en vigueur dans les sociétés que nous colonisons. Ainsi, des matériaux de plus en plus nombreux et divers s'accumulent. Les comparaisons ne deviennent pas seulement possibles, on ne peut plus s'y dérober. Elles s'imposent aux esprits. Or une étude comparative des institutions fondamentales – celles-là même qui se cristallisent dans le Droit – n'est-ce pas l'introduction toute naturelle à la sociologie ? N'en est-ce pas déjà une partie essentielle ?

Mais dans la sociologie proprement dite, il y a sans doute autre chose. Nous accordons qu'elle est avant tout une étude comparative des diverses institutions sociales. Seulement, cette étude doit être en même temps synthétique, et mettre en lumière les rapports de ces diverses institutions avec la vie propre des groupes. Le sentiment de la vie propre des groupes, de leur manière d'être originale, de celle des individus qu'ils réunissent, n'est-ce pas la marque de l'esprit sociologique ? Nous avons vu de combien de manières les sociologues purs ont essayé d'expliquer ce sentiment. Ils ont fait observer qu'il y a dans ce tout qu'est la société plus et mieux que la somme de ses parties : quand celles-ci entrent en rapports, réagissent les unes sur les autres, une sorte de synthèse se produit, qui dégage des forces, révèle des propriétés inédites. L'observation de notre conscience individuelle ne nous permettrait pas à elle seule de saisir ces nouveautés. Elles apparaissent comme, les manifestations d'une sorte de personnalité nouvelle que serait la société. Et puisque les faits sociaux, mettant des esprits et non pas seulement des corps en rapports, sont en dernière analyse des représentations, il est permis de parler de consciences collectives, autres organisateurs de ces représentations communes.

Dans quelle, mesure nos juristes ont-ils été amenés à se rapprocher de ces conceptions ? Jusqu'à quel point les acceptent-ils ? C'est ce qu'il faudrait maintenant préciser.

Voici justement un guide qui s'offre à nous M. Bonnecase, professeur à la Faculté de Droit de Bordeaux vient de publier deux volumes sur La *Pensée juridique française de 1804 à l'heure présente,* où il s'efforce de relever les empreintes qu'ont pu déposer sur elle « l'Humanisme, le Classicisme, le Romantisme ». Citations abondantes, analyses minutieuses, rapprochements entre la pensée juridique et les autres formes de la pensée française, le tableau est aussi complet qu'on peut le rêver. En ce qui concerne le moment présent, l'auteur insiste fortement sur l'inquiétude des juristes, dans la crise que leur science paraît traverser. À l'entendre, ils ne sauraient plus à quel saint se vouer. Et c'est le premier trait qui lui permet d'appliquer le terme qui lui est cher, l'un des plus équivoques qui soient : *romantisme*.

À quoi tient cet état de crise ? À ce qu'il s'est produit, dans la réalité sociale, des transformations que les rédacteurs du Code sur lequel nous avons vécu n'avaient pas prévues, n'avaient pu prévoir : elles obligeaient ses gardiens à réviser et leurs doctrines et leurs méthodes. Déjà M. Jean Ray, dans son *Essai sur la Structure logique du Code civil*, avait pu montrer que celui-ci était moins l'œuvre logique d'une raison universelle et éternelle que la traduction d'un certain état de la conscience collective. Mais s'il est en un sens un produit de l'histoire, il est fatal qu'il soit dépassé par le mouvement de l'histoire. Rien d'étonnant, donc, à ce qu'on assiste à une *Révolte des faits contre le Droit*. C'est le titre d'un ouvrage de M. Morin, dont les thèses sont développées dans une nouvelle étude sur *La Loi et le Contrat, la décadence de leur souveraineté*. Qu'il s'agisse des conventions entre patrons et ouvriers syndiqués, ou entre nations désireuses de former une société supérieure, qu'il s'agisse de ce Droit ouvrier et de ce Droit des gens que M. Georges Scelle aime à confronter, vous vous trouvez en face de problèmes inédits. Le fameux arsenal des lois consacrées laisse voir ses lacunes. Bien plus, sous la pression des faits, vous êtes acculé à réviser vos principes eux-mêmes.

Souvent on fait tenir toutes ces difficultés en un mot (lui aussi gros d'équivoques) ; l'individualisme traditionnel en France serait en train de faire faillite. Le Droit romain, qui tient tant de place dans notre formation, nous avait habitués, répète-t-on, à concevoir les relations justes sur le type des contrats entre personnes libres, usant à leur guise de leurs propriétés. La Révolution greffe sur ce vieil arbre l'idée que tout, dans l'État devrait s'organiser comme s'il naissait lui-même d'une convention entre individus. Et elle détruisait systématiquement les corps particuliers, les groupes intermédiaires – corporations comprises – pour ne laisser que les individus face à face. Les événements ont, démontré que la position était intenable et qu'il était décidément impossible, soit de réduire toute obligation à des contrats, soit de concevoir la loi sur le type du Contrat.

La grande industrie en particulier a révélé que l'ouvrier seul en face du patron était condamné à l'impuissance : il a fallu rendre aux ouvriers la liberté de coalition, substituer au contrat individuel des contrats collectifs qui sont de véritables conventions-lois, admettre que l'entrepreneur, même sans faute de sa part, devait supporter les frais des accidents survenus aux ouvriers dans son usine. La notion de liberté comme celle de responsabilité se trouvaient ainsi soumises à une sorte de dilatation qui les rendait méconnaissables. N'était-ce pas un droit socialiste qui était en train de se substituer au Droit individualiste ? Du moins, comme M. Gurvitch se plaît à le relever dans un ouvrage d'ensemble, philosophique autant qu'historique, L'Idée du Droit social gagnait partout du terrain.

Il y aurait sans doute bien à dire sur cette antithèse. Le socialisme juridique n'est pas forcément la négation de tout individualisme. Jaurès l'observait il y a plus de trente ans dans un article de la *Revue de Paris* : « le socialisme est encore l'individualisme, mais logique et complet ». Il voulait dire sans doute que des transformations du régime de la propriété seraient nécessaires pour que le plus grand nombre pût jouir de libertés réelles. M. Charmont, depuis, a fait observer que la *Socialisation du Droit* a le plus souvent pour conséquence d'assurer aux déshérités, de quelque groupement qu'il s'agisse, une protection contre l'abus du Droit. La remarque vaut contre ceux qui seraient tentés de montrer dans le Droit social une puissance capable de refouler le Droit de la personne humaine. Cela peut arriver dans tel régime de nationalisme intégral ou de collectivisme. Cela peut être évité dans un régime démocratique.

Quoi, qu'il en soit, il est indiscutable que les transformations du Droit, tant public que privé, ont entraîné une révision des concepts familiers aux juristes classiques. En vain l'École de l'Exégèse avait du consentir des concessions. On autorisait le juge à s'inspirer non seulement du texte de loi lui-même, mais de la pensée qui avait du guider le législateur. Plus tard, on admettait que, sans s'associer à cette pensée, il s'ingéniât à faire jaillir du texte tout ce que paraissaient exiger les situations nouvelles dont il y avait à connaître. Exercices d'assouplissement. Casuistique. Hypocrisie, va jusqu'à dire M. M. Morin. On pense ainsi sauvegarder la continuité, mais aux dépens de la sincérité.

N'est-il pas plus courageux d'avouer que notre philosophie du Droit est à rectifier tout entière ? D'où, en effet, tant de systèmes nouveaux qui presque tous se trouvent faire une part plus ou moins large à l'esprit sociologique.

Le plus radical dans la négation des positions traditionnelles est celui de l'ancien doyen de la Faculté de Droit de Bordeaux, M. Duguit, l'auteur du livre célèbre sur *L'État, le Droit objectif, la loi positive*. Duguit fait sienne la pensée d'Auguste Comte : l'individu n'a pas de droit, il n'a que des devoirs. La Révolution française s'est donc trompée qui mettait les Droits de l'Homme au-dessus de tout ? Dans les cours qu'il a faits à l'étranger comme dans ceux qu'il a faits à Bordeaux, M. Duguit ne craint pas de le proclamer. Et son argumentation pourrait être utilisée par tous ceux qui, à l'heure actuelle, soit en Allemagne, soit en Italie, mettent au-dessus de tout l'État, créateur de la loi par sa toute-puissance, qu'il consent à limiter, sans qu'il y ait pourtant en dehors de son domaine aucune norme sacrée, aucune source de Droit. Mais M. Duguit n'est pas moins sévère pour cette conception que pour l'autre. Et il se réjouit de renvoyer dos à dos, ici, tradition française et tradition allemande. Pas plus dans l'État que dans l'individu il ne veut voir de sujet de Droit ; le souvenir de *l'imperium* lui est aussi odieux que celui du *dominium*. Au fond, la notion de « Droit subjectif » n'est-elle pas une notion métaphysique, née du besoin que nous conservons de poser des substances derrière les forces ? On ne pourra sortir de la crise déplorée, on ne pourra réaliser l'accord des esprits qu'en revenant aux faits. Or le fait est qu'il y a dans toute société des règles qui s'imposent, sources d'un Droit objectif. Comment leur existence s'explique-t-elle ? Par l'interdépendance qui rend les hommes incapables, pour continuer à vivre, de se passer les uns des autres. Que cette solidarité prenne, comme l'a montré Durkheim, la forme de la division du travail, il devient de plus en plus évident que l'association ne peut durer qu'à une condition : que chacun remplisse sa fonction propre. Et tel est bien l'objet des règles juridiques : rendre possible l'exercice des fonctions, qu'elles soient d'ailleurs celle du propriétaire qui fait valoir son bien, celle de l'ouvrier qui vend son travail, celle du fonctionnaire proprement dit qui accomplit sa besogne administrative. C'est donc autour de la profession que devra de plus en plus s'organiser le Droit. Il rendra possible une sorte de syndicalisme généralisé, qui ne se laisserait pas entraîner dans le sillage de la lutte des classes, mais qui sera délivré des restrictions qu'on lui impose, soit au nom de l'individu, soit au nom de l'État. Construction réaliste, pense M. Duguit. Il se vante de l'avoir édifiée en dehors de tout romantisme. Apparenté en ceci aux psychologues du « comportement », il ne veut tabler que sur des faits constatables *de visu*. Et c'est pourquoi il refuse en particulier de faire appel à la « conscience collective » dont les sociologues commençaient à parler : mythe nouveau, ou plutôt vieux fantôme à exorciser lui aussi.

Pour justifier sa règle de Droit, M. Duguit s'en tient-il aux faits constatables *de visu* ? Il y a longtemps que M. Davy l'a constaté dans sa thèse sur *Le Droit, l'Idéalisme et l'Expérience,* et les plus récents critiques abondent dans le même sens : M. Waline, par exemple, dans une étude sur les *Deux maîtres du Droit public*, Hauriou et Duguit, dénonce en Duguit un idéaliste qui s'ignore. Le fait, est qu'il est obligé, pour distinguer entre les prétentions légitimes et les autres, de faire appel à des sentiments, et non pas seulement au sentiment de la solidarité, mais au sentiment de la justice. Pour que les actes d'une collectivité, association, corporation, fondation, soient reconnus et protégés juridiquement, encore faut-il que son but soit «conforme à la solidarité sociale telle qu'elle est comprise à un moment donné dans le pays considéré ». Citons encore : « Ce qui fait le Droit, la règle du Droit, c'est la croyance pénétrant profondément la masse des hommes, à une époque et dans un pays donnés, que telle règle est impérative, que telle charge doit être accomplie. Le Droit en un mot est avant tout une création psychologique de la société, déterminée par des besoins d'ordre matériel, intellectuel et moral. »

M. Davy avait raison de souligner ces passages : ils démontrent que M. Duguit, incapable de se passer de psychologie, et d'une psychologie qui tient compte avant tout des sentiments qui s'imposent dans le groupe, est, qu'il le veuille ou non, sur la pente de la sociologie.

La même démonstration pourrait être tentée pour l'œuvre de M. Hauriou, le grand adversaire de M. Duguit. L'histoire de notre Philosophie du Droit, dans les vingt dernières années, est remplie par leur duel, retentit des coups qu'ils se sont portés. Hauriou traitait volontiers Duguit d'anarchiste, et déclarait que celui-ci ne nous fournissait aucune raison ni d'obéir aux lois édictées par l'équipe des gouvernants, ni de respecter les droits de l'individu. Ce n'est pas à dire qu'il s'en tînt pour sa part ni à l'individualisme, classique, ni à l'étatisme traditionnel. Il s'agit d'éviter, déclare-t-il, aussi bien un individualisme effréné qu'un collectivisme sans frein. La théorie qui lui permet de tenir le milieu entre ces extrêmes est la théorie de l'*Institution*. Elle est dès à présent fameuse. Beaucoup comptent sur elle pour renouveler, non seulement nos conceptions du Droit, mais toute notre philosophie sociale. M. Renard paraît y voir – pour reprendre le mot fameux de Taine à Tarde – la clef qui ouvre toutes les serrures.

M. Archambault, présentant dans les *Cahiers de la Nouvelle Journée* divers mémoires d'Hauriou, déclare péremptoirement : « La philosophie sociale et juridique du XIXe siècle eut la malchance de s'engouffrer successivement dans deux impasses : l'individualisme volontariste d'une part, le sociologisme d'autre part. Entre les deux, la théorie de l'Institution dessine la voie libre et libératrice. » Il ajoute : « Les sociologues commencent à se demander si elle ne serait pas susceptible de tirer leur char hors de l'ornière où il menace de s'enliser. »

Que la notion de l'Institution soit centrale pour les sociologues, que de leur côté, ils en usent pour définir l'objet de leurs recherches, nous l'avons déjà rappelé. En face de l'événement qui passe, comme aimait à dire Lacombe, l'auteur de *L'Histoire considérée comme science*, ils étudient spécialement la pratique qui dure, usage, rite ou loi qui s'imposent à un groupe. Hauriou prend le met dans un sens plus précis. Il parle sans doute de l'Institution comme d'un réseau de pratiques : c'est l'institution-chose, par exemple, un régime de propriété qui produit certaines conséquences. Mais ce qui l'intéresse, c'est l'institution-idée, une fondation, une corporation, une nation qui, en cherchant à fixer les conditions de sa vie, constitue un Droit, grâce au pouvoir de gouvernement qu'elle contient. Essai de « vitalisme social » comme dit Hauriou lui-même, la théorie escompte l'action de ces forces organisatrices spontanées qui en dehors des contrats, œuvre consciente des individus, comme antérieurement à la législation, oeuvre consciente des pouvoirs constitués, font dominer une discipline. Ici, en effet, surgit une pointe de romantisme, s'il est vrai que le romantisme, comme l'a montré M. René Berthelot, est avant tout un vitalisme et implique une croyance dans la puissance d'organisation spontanée des groupes. Mais, M. Hauriou ne se contenterait pas pour sa part d'un acte de foi dans l'instinct. Il analyse, il démonte le mécanisme grâce auquel l'institution produit du Droit. Il faut d'abord à toute entreprise – qu'il s'agisse d'un hôpital, d'une Congrégation, d'un État – l'idée *d'une œuvre à réaliser* (idée directrice intérieure à ladite fondation, plus et mieux qu'un but qui lui resterait extérieur : l'action des critiques de Bergson contre le finalisme classique est ici sensible). Un *pouvoir de gouvernement* organisé doit intervenir en second lieu ; sans sa volonté l'idée ne prendrait pas corps, elle ne serait pas défendue par un ordre. Mais un troisième élément est nécessaire, qu'Hauriou appelle la *communion*. Il importe que l'idée rencontre l'adhésion de ceux qui ont à obéir aux ordres qu'elle justifie. La fondation des Communes au moyen âge, la fondation des Syndicats à la fin du XIXe siècle, supposent des acclamations, traduisent des sentiments communs intenses. Il importe qu'ils durent, fût-ce dans l'inconscient de leurs membres, pour que l'institution reste vivante et agissante. C'est d'ailleurs pourquoi un État a plus de chances de conserver sa vitalité s'il reste en contact avec les masses et peut escompter leur adhésion.

Ce qui revient à dire que tout groupement a besoin de s'appuyer sur une conscience collective. Hauriou repousse ce vocabulaire. La conscience collective lui fait toujours l'effet de préparer les voies à un collectivisme absorbant – tendance « allemande » qu'il flétrit avec vigueur. Il ne voit pas qu'à un certain moment de l'évolution sociale, dans certains types de civilisation, celle-ci peut fort bien – comme l'ont montré Durkheim et ses collaborateurs – autoriser, réclamer, justifier à sa manière une part de plus en plus large laissée à l'autonomie différenciatrice des consciences individuelles. Pour défendre quand il en éprouve le besoin l'individu contre les empiètements de l'autorité, pour démontrer la nécessité d'ajouter au souci de l'ordre le souci de la justice, Hauriou invoquera bien des *idées* qui s'imposent. Mais pour qu'il les reconnaisse comme valables, il les lui faut éternelles et comme tombant du ciel. Trace de thomisme, remarque M. Gurvitch, ou tout au moins trace de platonisme. Le Droit naturel correspondant à une idée intemporelle caractéristique de l'espèce humaine, elle ne saurait être un produit de la société. En ce sens, la formule lancée par le juriste allemand Stammler et soulignée naguère dans l'*Année sociologique* par M. Simiand, l'idée du « Droit naturel à coutume variable » ferait horreur à M. Hauriou. Il est bien obligé pourtant de reconnaître que la justice elle-même admet, pour vivre dans les sociétés, des accommodements assez divers. Le *Suum cuique tribuere,* comme l'a montré M. Lévy-Bruhl dans une page fameuse de son livre sur *La Morale et la Science des mœurs,* est loin d'avoir le même sens sous toutes les latitudes.

Il n'y a pas seulement, comme le remarque M. Gény, un donné naturel, il y a un donné historique, sur lequel les plus constructeurs des juristes doivent compter, sous peine de suspendre aux nuées ce qu'il appelle leur libre recherche scientifique.

Nous entendons bien qu'un certain nombre de juristes – M. Renard, M. Ripert – ont ici une solution toute prête : et c'est la solution catholique. Des vérités éternelles révélées, et la personnalité humaine, parce que destinée à l'immortalité, revêtue d'une dignité supérieure, n'est-ce pas tout ce qu'il faut pour fonder le Droit ? Qui oserait dire pourtant aujourd'hui qu'en dehors de ces croyances il n'est point de salut pour lui ?

M. Hubert et M. Gény lui-même n'ont pas de peine à établir qu'il subsiste aussi des sources laïques du Droit naturel, depuis les Stoïciens jusqu'à Grotius ou à Kant. Et ils laissent entendre que dans les sociétés où les Églises sont séparées de l'État, il serait imprudent d'enchaîner le Droit à un dogme. La structure même de ces sociétés, la variation des tendances qu'elles font coexister sous un régime de tolérance oblige le juriste à chercher des principes plus larges. Qu'est-ce à dire, sinon qu'ici encore la réalité sociale commande et impose à l'idéal nécessaire une certaine orientation ?

Impératif, et pourtant relatif, telle est la destinée fatale du Droit. N'est-ce pas par la pression des idées qui se dégagent de la vie des groupes que s'explique le plus naturellement ce double caractère ? Et si les prescriptions juridiques se présentent revêtues d'une autorité qui en impose à l'individu, n'est-ce pas parce que les institutions chères à Hauriou en arrivent à constituer des personnalités morales conscientes ? Il apparaît ici que la théorie de l'institution pourrait recevoir de la sociologie un utile contrefort. M. Davy le démontrait dès longtemps et les réflexions plus récentes de M. Delos, dans les *Archives de Philosophie du Droit*, confirment sur presque tous les points ses remarques. Celui-ci, en établissant une « théorie de la personnalité morale, basée sur la sociologie », ajoute que sans ce complément, toute théorie de l'institution lui semblerait mutilée.

Veut-on voir maintenant quelle sorte de services les conceptions sociologiques peuvent rendre à un juriste qui, loin de résister à la pente, s'y abandonne pleinement ? C'est l'œuvre de M. Emmanuel Lévy qu'il faudrait relire. À sa thèse, *la preuve par titre du Droit de propriété immobilière*, à son livre sur la *Vision socialiste du Droit*, le professeur de l'Université de Lyon vient d'ajouter une série d'études sur le *Fondement du Droit*. Œuvre pleine de formules sibyllines, mais qui donnent à penser. M. Emmanuel Lévy est prophète, et même poète, en même temps que professeur. Mais au témoignage de plusieurs connaisseurs – Charles Andler, Édouard Lambert, A. de Monzie – c'est un des esprits les plus originaux parmi les maîtres du Droit contemporain, un de ceux qui font le plus profondément réfléchir les jeunes esprits sur les transformations, sur la rénovation nécessaire de la philosophie du Droit.

Or, dans quelle direction prétend-il les entraîner ? Le Droit n'est pas chose matérielle, mais affaire d'opinion. Partout où il y a Droit, il y a une attente légitime, qui permet aux membres d'une société de compter sur des garanties, d'escompter des valeurs. Être propriétaire, c'est croire qu'on peut user de certains biens : la société arrange ses lois pour que cette confiance ne soit pas déçue. Sans ce soutien, qui suppose entente tacite et, volonté commune, toute propriété est ruineuse. De même, si deux individus contractent, c'est encore une volonté collective – la volonté, de donner sécurité à qui contracte – fait la véritable force de leur engagement. « C'est le milieu lui-même, c'est la société avec ses lois telles qu'elle est amenée à se les représenter qui font la responsabilité, qui font le contrat, qui créent l'être juridique. » Créances, confiance, croyances, tout se tient. Dans l'ordre juridique surtout nous vivons de croyances collectives. Et il faut un certain état des croyances collectives pour permettre à la personnalité de se poser. Ce sont les recherches de Durkheim qui ont confirmé M. Emmanuel Lévy dans ces convictions. Et suivant la même filière d'idées il est amené à conclure que le Droit est avant tout une religion.

Religion qui est bien loin, naturellement, de consacrer toujours les mêmes préceptes. Demain elle résorbera peut-être, prévoit le juriste prophète, le patrimoine du propriétaire dans la créance de la classe qui n'a pour vivre que son travail. Les relations équitables entre producteurs et consommateurs reposeront sur la confiance qu'ils s'inspireront les uns aux autres. Car M. Emmanuel Lévy est socialiste en même temps que sociologue. Et de « l'affirmation du Droit collectif » il croit pouvoir tirer des réformes qui amenuiseraient le Droit du propriétaire. En attendant, quelque forme que doive prendre la législation de demain, il importe de se rappeler que, le Droit se constituant dans un milieu social, par un milieu social, la variation est sa loi. Charles Andler notait déjà que la pensée d'Emmanuel Lévy rejoint ici celle de Lassalle : « Le Droit est d'essence relative : il change avec la croyance sociale, expression elle-même du besoin. »

Hâtons-nous de l'ajouter, ce qu'il y a de plus intéressant à nos yeux pour l'orientation des rapports entre le Droit et la sociologie, ce ne sont pas ces affirmations très générales, tendant à une rénovation du système juridique actuel : ce seraient plutôt des études particulières, pourvu qu'elles soient conçues dans un esprit comparatif, qui portent sur tel aspect du Droit ou telle notion nécessaire à sa vie.

Déjà M. Gaston Richard, qui fut pendant quelque temps collaborateur de l'*Année sociologique,* avait montré, dans sa thèse sur les *Origines de l'idée du Droit,* comment l'observation ethnographique et sociologique peut renouveler la philosophie du Droit, par exemple en portant son attention sur les formes de la procédure.

Un peu plus tard, au tome IV de l'*Année sociologique,* Durkheim lui-même donnait une mémorable preuve de la fécondité de pareilles recherches ; il formulait et expliquait deux lois de l'évolution pénale. « L'intensité de la peine est d'autant plus grande que la société appartient à un type moins élevé – et que le pouvoir central a un caractère plus absolu. » « Les peines de privation de liberté et de la liberté seule, pour des périodes de temps variables selon la gravité des crimes, tendent de plus en plus à devenir le type normal de la répression. » Comment s'expliquer cet adoucissement du Droit pénal, et que la prison se substitue, en nombre de cas, aux supplices de toutes sortes – le pal, le feu, l'écrasement sous les pieds d'un éléphant, la noyade, l'huile bouillante versée dans les oreilles et dans la bouche – qui sont monnaies courantes dans le Droit archaïque ? Suffira-t-il, pour rendre compte de cette substitution, de constater que les mœurs se sont adoucies ? Les transformations qui se sont produites dans la structure des sociétés aident à comprendre cette humanisation elle-même. Lorsque la société est « simple », lorsqu'elle est constituée par exemple de cette sorte de clans qui ne se compose pas avec d'autres, alors l'intolérance du groupe ne rencontre pas d'obstacles, les peines appliquées risquent d'être terribles. Qu'une organisation politique se constitue, si elle culmine en un pouvoir absolu, sans contrepoids, alors la tentation est grande, en même temps que la possibilité est fournie, de traiter les hommes comme des choses : leur souffrance ne compte pour rien. Sous l'empire romain, c'est quand le pouvoir gouvernemental tend à devenir absolu que la loi pénale s'aggrave. Chez nous, l'apogée de la monarchie absolue marque aussi l'apogée de la répression. Là où les centres de résistance organisée manquent, la pitié perd ses droits. Les croyances collectives sur lesquelles repose l'ordre social autorisent, pour réprimer le crime, des violences méthodiquement inhumaines. C'est que les crimes sont alors, le plus souvent, des actes qui portent atteinte au prestige des traditions consacrées : ils se présentent comme autant de sacrilèges. Tandis que pour nous, le crime consiste essentiellement dans la lésion de quelque intérêt humain, pour les peuples primitifs, il consiste presque uniquement à ne pas accomplir les pratiques du culte, à violer les interdictions traditionnelles, à s'écarter des mœurs des ancêtres, à désobéir à l'autorité.

Pour qu'à cette conception « religieuse » de la criminalité une conception « laïque » se substitue, il a fallu de profondes transformations sociales : par exemple des États se distinguant des Églises, ou des professions s'organisant en dehors des familles. La liberté de l'individu gagne du terrain. Et nous réservons le plus clair de notre indignation pour les actes qui lèsent les droits personnels. Ce qui amène sans doute à sanctionner nombre d'actes pour lesquels la conscience publique naguère se serait montrée plus tolérante. Mais ces sanctions ne revêtiront pas la gravité de celles qui étaient en usage dans les sociétés où régnait sans contrepoids une autorité à base religieuse : les coupables eux-mêmes bénéficient de notre croissant respect pour la personne humaine. N'y aurait-il pas une sorte de contradiction à venger la dignité offensée dans la personne de la victime en la violant dans la personne du coupable ? D'où les adoucissements, les hésitations, les scrupules dont notre système pénal porte plus d'une trace.

Ce même fait capital, le renversement des rapports entre conscience collective et consciences individuelles, retrouve dans les explications que fournit M. Fauconnet des transformations qui se produisent dans la notion, si discutée, de *responsabilité*. Après avoir évoqué toutes les théories qu'elle a suscitées et rappelé leurs contradictions, il demande qu'on l'étudie dans les faits, et qu'« on traite par la méthode historique ce problème ordinairement abandonné à la philosophie ». En fait, il y a, dans les diverses sociétés, des sujets tenus pour responsables, et des situations génératrices de responsabilité. Qu'on passe les uns et les autres en revue, on aura vite fait de reconnaître que ni sujets ni situations ne sont ce que nous voudrions qu'ils fussent selon les idées de notre temps. Ont été tenus pour responsables, non pas seulement des individus conscients, mais des enfants, des fous, des cadavres, des animaux et jusqu'à des outils. À engendré la responsabilité, non pas seulement l'intervention active et volontaire, mais l'intervention passive, l'intervention indirecte : qui viole un rite, même sans le savoir, qui se laisse souiller par le contact d'un sacrilège, s'expose à une peine. Au vrai, partout où il y a des sentiments collectifs intenses au maintien desquels une société se juge intéressée, toute atteinte à ces sentiments suscite une réaction intense, un besoin de se soulager par une destruction qui soit une réparation, donc un besoin de punir. Mais qui punira-t-on ? Ce souci ne passe au premier plan qu'après un assez long travail. Primitivement, il semble bien que la vengeance soit inorientée. L'idée première, remarque M. Le Hénaff dans le *Droit et les Forces,* est celle de l'équilibre : « Tout dommage doit être réparé, non par l'octroi d'une indemnité mais par une destruction équivalente... » Les indigènes des Philippines, si leur chef est tué, massacrent le premier passant venu. Nombre de coutumes, en des pays assez divers, trahissent que dans les premières formes de pénalité une sorte d'indétermination est la règle. On voudrait effacer le crime lui-même. Et l'on cherche pour le symboliser, pour le personnifier, un porteur de responsabilité.

La vraie fonction de la responsabilité semble donc être celle-ci : « Rendre possible la réalisation de la peine en lui fournissant un point d'application, et par suite permettre à la peine de jouer un rôle utile. »

La conscience collective outragée demande une proie : *quaerens quem devoret.* Et ce n'est pas seulement parce qu'il est cause, au sens physique du mot, de l'acte qualifié crime, c'est pour des raisons parfois bien plus compliquées que le criminel devient le bouc émissaire. Si l'on en arrive, ici, à proposer comme idéal au Droit de ne juger pour responsable que l'individu libre, cause consciente du crime, cela tient en effet aux transformations de toutes sortes qui dans les sociétés font passer au premier plan l'individu et sa conscience.

L'attention se concentre alors sur le porteur de la peine, dont la douleur révolte notre pitié. Ainsi s'explique ce double mouvement qui fait subir au besoin de vengeance une sorte de refoulement : en même temps que les peines s'atténuent, la responsabilité se précise. Et pour appliquer plus justement la peine, de plus en plus on s'occupe de ce qui se passe dans l'intérieur de l'individu. De limitation en limitation, la responsabilité se spiritualise en même temps qu'elle s'individualise. Et c'est l'effet moins d'une théorie philosophique que d'une situation historique.

Veut-on un troisième exemple, portant sur une notion qui, plus encore que celle de responsabilité a longtemps occupé dans notre philosophie du Droit une place éminente ? Qu'on relise la thèse de M. G. Davy sur *La Foi jurée* : elle vise à nous retracer la lente formation du Droit contractuel, et à nous rappeler que le contrat, pièce maîtresse, pivot du Droit pour certains, est une acquisition de l'histoire plutôt qu'un penchant premier de la nature humaine.

Sumner Maine avait présenté le progrès du Droit comme une substitution du contrat au statut, des obligations que l'homme se crée lui-même en liant sa volonté à celle d'un autre, aux obligations qui lui sont imposées par sa naissance, sa situation sociale, son appartenance à un groupe. Faut-il s'en tenir à cette antithèse, si longtemps capitale dans notre philosophie du Droit ? À ceux de nos juristes qui en contestent aujourd'hui le bien-fondé, M. Davy va fournir des arguments sociologiques. Il va montrer le contrat se dégageant du statut, et ne pouvant acquérir sa vertu impérative qu'en l'empruntant à l'autorité des groupes eux-mêmes ; il ne la dépassera qu'en s'appuyant sur elle. Il est exact que tout Droit naît d'abord pour un homme de la situation où l'a placé sa naissance : il n'est fondé à réclamer que selon les conditions posées par la tradition de son groupe politico-domestique. Mais ne peut-on d'abord entrer dans ce groupe autrement que par la naissance ? Le mariage en est la meilleure preuve qui est essentiellement, comme l'a noté le sociologue américain Boas, un moyen d'acquérir des privilèges. Et puis, à côté des parentés « naturelles », n'y a-t-il pas, dans toutes les sociétés, des parentés « artificielles » ? Deux guerriers qui échangent leurs sangs deviennent frères. Chacun d'eux acquiert ainsi droits et devoirs nouveaux. Sa situation juridique est modifiée par un acte de volonté : c'est un précontrat.

Mais si l'on veut voir s'élaborer de façon plus précise les éléments constitutifs du contrat, il faut, suivre le fonctionnement d'une curieuse institution que nous avons déjà rencontré : le potlach, le don escompteur, qui comporte non seulement l'obligation de donner, mais celle d'accepter et celle de rendre, forme primitive de l'échange qui mobilise et redistribue des propriétés, forme aussi du défi qui fournit aux rivaux l'occasion de se surpasser en étalant leurs trésors, et qui s'accomplit à propos d'une fête naissance, mariage, invitation, érection d'un tombeau. Le potlach, syncrétisme de faits sociaux unique, disait M. Mauss, domine la vie tout entière d'un grand nombre de sociétés, dans l'ouest de l'Amérique du Nord par exemple, ou en Mélanésie. Tant et si bien qu'on a pu parler de civilisation à potlach. Ce par quoi l'institution intéresse M. Davy, c'est qu'elle permet aux donateurs, non seulement de se distinguer, de gagner du prestige, mais de s'imposer une obligation, et de créer chez d'autres des obligations qu'ils escomptent. Ne sommes-nous pas ici sur le chemin du contrat ? On l'aperçoit clairement lorsque quelque chef, ayant derrière lui non plus son clan, mais une confrérie, une société secrète, prend des initiatives qui lui assurent un accroissement de prestige, source d'un accroissement de pouvoir. Ainsi, à côté des promotions par l'hérédité, des promotions au choix apparaissent. Par la vertu du potlach, principe de vie et de changement, des ascensions deviennent possibles, Les héros de la concurrence se détachent de la masse. Que l'institution qui leur a servi de marchepied devienne d'usage commun, une voie est ouverte à l'individualisme. Les souverainetés privilégiées qui se sont constituées rencontreront bientôt des résistances, d'autres pouvoirs les réduiront en les imitant : « produites par des conditions sociales, elles se verront limitées aussi nécessairement par d'autres conditions sociales. L'individualisme traversera ainsi le féodalisme pour aboutir à l'égalitarisme ».

De ces quelques exemples, on conclura que M. Mauss n'avait pas tort qui, intervenant à une récente session de *l'Institut International de Philosophie du Droit*, remarquait à propos des sources du Droit positif : « Pour les sociologues, tout concept change, toute notion est d'origine historique. » Et il ajoutait qu'il en apporterait bientôt la démonstration à propos d'une notion aussi capitale pour le Droit que celle de responsabilité ou celle de contrats, la notion de personne.

Relativiste donc, le sociologue l'est comme par définition. Et il ne peut ici qu'emboîter le pas derrière les historiens. Mais l'histoire elle-même ne lui donnera toute satisfaction que si elle cherche à montrer, par l'emploi de la méthode comparative, en fonction de quelles réalités varient les institutions et jusqu'aux principes même du Droit. Or c'est dans les sociétés, dans leur structure, dans les représentations suggérées par elles aux consciences qu'elles réunissent, qu'il faut chercher, selon les sociologues, les réalités dominatrices. Et il y a lieu de penser, en effet, que cette préoccupation maîtresse – quelques-uns diront cette obsession systématique – peut, en tout cas, susciter et orienter plus d'une recherche utile à la science du Droit.

Chapitre VI

Sociologie économique

Nous avons vu sur quels points s'accordent les membres de l'équipe dont nous cherchons à mesurer l'influence : que les faits sociaux, à *quelque catégorie* qu'ils appartiennent – économiques, politiques, religieux, moraux – sont soumis à des lois ; qu'il est possible de dégager ces rapports constants par des observations comparatives ; que pour bien comprendre les tenants et aboutissants des faits sociaux, institutions, habitudes, représentations collectives, il faut se placer méthodiquement au point de vue des ensembles, prendre en considération la structure, les besoins, l'influence des groupes dont ils contribuent à entretenir la vie propre.

Que de nombreuses études portant directement ou indirectement sur ces objets aient précédé l'âge de la sociologie proprement dite, les sociologues, nous l'avons vu aussi, sont les premiers à le reconnaître. Ils savent que dans bien des cas leur champ de travail a dès longtemps été retourné par des spécialistes des diverses sciences sociales – droit ou histoire des religions, science des mœurs ou économie politique. Mais ils estiment qu'on obtiendrait des résultats encore plus favorables au progrès de la science, qu'on mettrait au jour des vérités plus aisées à coordonner, si jusque dans les études spéciales on gardait le sentiment des ensembles sociaux et si l'on se souvenait que ces ensembles, eux aussi, sont à leur manière des êtres classables en types, et soumis à des lois.

Quelle sorte d'influence l'esprit sociologique ainsi compris a-t-il pu exercer sur l'économie politique en France dans la période contemporaine ? C'est ce que nous voudrions maintenant essayer de préciser.

De toutes les sciences sociales, celle qui a pris son point de départ dans l'étude du commerce, de l'agriculture, des conditions de la richesse des nations, est sans doute la plus anciennement constituée, ayant la première bâti un corps de doctrine, invoqué des lois naturelles, raisonné sur des chiffres. Forts de cette avance, les économistes devaient être amenés à regarder avec quelque méfiance les efforts de la dernière venue, mais non la moins ambitieuse des sciences sociales, celle qui semblait en vouloir opérer la synthèse, en se plaçant à un point de vue nouveau la sociologie proprement dite.

C'est pourquoi longtemps les relations ont été tendues, ou inexistantes, entre les deux disciplines. Il y a lieu toutefois de noter que le problème de leurs rapports admet des solutions fort différentes suivant le type d'économie politique que le sociologue rencontre en face de lui. On en peut distinguer trois principaux : *l'économie libérale, l'économie nationale, l'économie sociale*. De la première, on aurait trouvé naguère les représentants les plus caractéristiques en Angleterre, de la seconde en Allemagne, de la troisième en France.

L'économie politique d'origine anglaise – dont les principes ont été posés par Adam Smith et son école – avait cru découvrir des lois naturelles valables pour tous les temps et tous les pays, en partant d'une psychologie qui ne voit dans les hommes que des individus échangistes, chacun suivant son intérêt personnel et matériel, et cherchant à obtenir en toute liberté le maximum de profits avec le minimum de frais. Elle faisait volontiers abstraction des frontières des nations comme des phases de l'histoire.

Au contraire, c'est sur le fait national et sur les moments de l'évolution que la *Nationalœkonomie* insiste. Depuis le *Système d'économie nationale* de List, elle fait passer au premier plan les intérêts propres des groupes, les mesures qu'ils emploient pour sauvegarder leurs forces productives, ces mesures variant d'ailleurs avec le degré de l'évolution économique qu'ils ont atteint. Par cette école sont donc contestés les postulats individualistes en même temps que les conclusions universalistes de l'école libérale. Et l'on devine qu'autant celle-ci nous tient éloignés de la sociologie, propice par définition au développement d'un esprit à la fois relativiste et solidariste, autant la *nationalœkonomie* nous en rapproche.

Il faudrait d'ailleurs compter avec une troisième tendance, celle que représente le mieux Sismondi en 1819 lorsqu'il écrit les

Nouveaux principes d'économie politique. C'est l'économie sociale qu'il dresse ainsi contre l'économie politique classique. Et tous les penseurs français qui utilisent ses analyses – les socialistes proprement dits – sont amenés à concevoir une organisation de la société fort différente de celle que les économistes avaient conçue pour les besoins de l'homo œconomicus. D'où non pas seulement une suite d'utopies, mais des séries de constatations dont le sociologue peut retenir beaucoup.

Auquel de ces trois types appartiennent les travaux d'économie politique en face desquels s'est trouvée la sociologie en France lorsqu'elle a voulu se constituer ? Les trois traditions en fait sont représentées, mais inégalement.

Dans son livre, guide excellent sur les *Doctrines économiques en France,* M. Gaétan Pirou note que l'économie politique classique, orthodoxe, libérale, a toujours ses défenseurs groupés autour du *Journal des Économistes.* Ils tiennent, non seulement pour les conséquences individualistes qu'on a souvent déduites de ses théories, mais pour la méthode par laquelle elles ont été établies. Ils estiment qu'on a en effet, de la sorte, découvert des lois naturelles, comme disait M. Leroy-Beaulieu, aussi bonnes qu'inéluctables. Et lorsque le sociologue les invite à un rapprochement, il est repoussé avec hauteur. C'est ce qu'on fit bien voir à Durkheim lui-même lorsqu'il fut entendu à la *Société d'Économie politique,* en avril 1908. Comme il indiquait que la sociologie et l'économie politique avaient toutes deux à traiter de *choses d'opinion,* on lui fit comprendre que l'économie politique n'avait que faire de poursuivre des nuées : elle étudiait des réalités mesurables, exprimables en formules, et soumises à des lois universelles.

La majorité des économistes se tient-elle à ce *nescio vos* ? Il est permis d'en douter. À consulter les traités d'économie politique en usage à la Faculté de Droit, on s'apercevrait que dans beaucoup d'entre eux d'autres tendances que la tendance individualiste se sont fait jour, et que d'autres méthodes que la méthode abstraite sont mises en œuvre. C'est ce qui apparut clairement peu de temps après que l'économie politique fut installée dans la Faculté de Droit, lorsque Cauwès publia son Cours. On l'y vit protester contre le laisser-faire, rappeler – contre le fameux aphorisme de Turgot – que l'économiste ne saurait faire abstraction des frontières, qu'au surplus les nations pouvaient être d'âges différents en matière d'agriculture ou d'industrie : plus près en tout ceci de List ou de Knies que de Smith ou de Ricardo. Les continuateurs de Cauwès devaient donc être logiquement amenés à rapprocher leurs conceptions de celles des sociologues.

Il nous faut pourtant faire une place à une tendance qui semble, au premier abord, tout opposée. À un certain point de vue la tradition classique a trouvé encore chez nous des défenseurs, des continuateurs : il y a des partisans de l'économie pure, voire de l'économie politique mathématique – ceux-ci lointains héritiers de Cournot – qui tiennent à rappeler qu'on garde le droit, en matière économique aussi, d'user de l'abstraction et de la déduction : ce seraient même les seuls moyens d'assurer à cette discipline un caractère vraiment scientifique. Sous des formes diverses, MM. Bodin et Bousquet, Aupetit et Rueff défendent ce point de vue. Et ainsi ils s'éloignent assurément tant de l'économie nationale que de l'économie sociale.

Est-ce à dire qu'ils se rapprochent pour autant de l'économie libérale ? Il y aurait ici bien des distinctions à faire. L'économie classique est optimiste en même temps que libérale ; elle déduit, des analyses auxquelles elle se livre, des principes qu'elle pose, une justification du laisser-faire. Telle n'est pas la prétention de ceux qui veulent faire de nos jours de l'économie pure. Ils se rendent compte, ils avertissent que pour pouvoir déduire, calculer, établir *a priori* les conditions de l'équilibre d'un marché, ils adoptent certains postulats et envisagent une hypothèse qui n'est pas forcément un idéal, et qui non plus ne correspond pas forcément à la réalité. Pour qu'on puisse aboutir à leurs formules il faut en effet supposer données un certain nombre de conditions difficilement réalisées en fait. Par exemple, la concurrence devrait être parfaitement libre, sans que certains des vendeurs ou acheteurs pussent s'entendre préalablement, et que d'autres fussent tenus dans l'ignorance de telles offres ou de telles demandes. Cela n'est possible que par la présence de certaines institutions, au premier rang desquelles la propriété privée. Et la façon dont les propriétés sont réparties influe au premier chef sur l'attitude des vendeurs ou acheteurs. Cette répartition assure-t-elle le maximum d' « ophélimité » ? Aucun théoricien ne le peut démontrer. Pas plus qu'aucun théorème ne peut nous faire connaître les causes historiques qui président à la constitution de tel marché réel, ni s'il se rapproche ou non du marché idéal. C'est pourquoi l'économie pure de nos jours, consciente de l'abstraction qu'elle emploie, ne saurait plus être qualifiée d'optimiste, pas plus qu'elle ne saurait être qualifiée de réaliste. M. Ch. Rist l'a démontré dans des articles restés classiques, « Économie optimiste et Économie scientifique » (reproduits dans ses récents *Essais sur quelques problèmes économiques et monétaires*), dont l'argumentation retombe sur M. Bousquet ou M. Bodin aussi bien que sur Walras ou Vilfredo Pareto : toute économie pure plane dans un empyrée ; prisonnière de ses postulats, elle ne saurait à elle seule rejoindre la terre.

On pense bien que les sociologues proprement dits, lorsqu'ils voudront s'appliquer à l'étude de la production et de la répartition des richesses, utiliseront cette distinction, et maintiendront qu'aucune économie abstraite, même ou surtout si elle revêt la forme mathématique, ne saurait nous fournir une science positive des réalités économiques. C'est, sur quoi M. Simiand a insisté avec une force particulière, dans son livre sur *La Méthode positive en science économique*.

Veut-on déduire ce qui se passera sur un marché – lorsqu'une banque fait appel à des capitaux, lorsqu'un marchand cherche à achalander des clients, lorsqu'un taux de salaire est débattu entre patron et ouvrier – la déduction vous ouvre plusieurs voies. Et si l'on choisit l'une plutôt que l'autre, c'est qu'on se laisse conduire par une vue, si rapide et superficielle soit-elle, de la réalité historique. La seule considération de *l'homo œconomicus* ne nous permettra pas de deviner si le rentier sera déterminé par la perspective d'un taux d'intérêt très élevé, ou par celle d'un placement sûr, si l'acheteur sera séduit par le bon marché ou par la bonne qualité, ni à quel taux l'ouvrier jugera le salaire inacceptable. Sidney et Beatrice Web remarquent justement que le minimum et maximum, en matière de salaire et de travail, ne sont pas du tout les mêmes pour un ouvrier anglais et pour un nègre. Celui-ci, dans certaines conditions, travaillera pour n'importe quel salaire, si bas qu'il soit. D'autre part, n'importe quel salaire, si haut qu'il soit, ne le décidera à travailler quand il aura eu sa suffisance. Différences de première importance, que pourtant aucune « théorie économique » ne laissait prévoir.

Qu'après cela on donne à ces raisonnements l'allure mathématique, cela ne change rien à la question, sinon que cela risque de nous éloigner encore de la vie. M. Simiand est d'accord avec M. Painlevé pour penser que les mathématiques, en pareille matière, apportent un « vêtement », une forme plutôt qu'un principe de découverte. Seulement il ne s'arrête pas à l'objection principale du grand mathématicien, contestant que les valeurs puissent être assimilées aux quantités dont traitent les sciences de la nature. Une valeur, selon M. Painlevé, n'a rien d'une longueur par exemple. Ne varie-t-elle pas selon le point de vue des individus ? C'est pourquoi les prémisses dont partent les économistes mathématiciens seraient toujours des qualités déguisées en quantités. M. Simiand est bien loin d'accepter ce verdict. Pour lui comme pour Durkheim, les valeurs économiques traduisent des états d'opinion, mais d'une opinion collective, et dont l'influence peut fort bien se traduire par des chiffres. « Une opinion qui est une quantité », tel est le fait, peut-être unique, que rencontre le sociologue-économiste. Et c'est ce qui lui permettra, comme on le verra par les travaux de M. Simiand lui-même, de faire si grand usage de la statistique. Mais cela ne signifie pas que les simplifications dont use l'économie politique pure recouvrent la réalité. Hypothétiques restent, ses prémisses comme invérifiables ses conclusions. Et son principal tort est justement qu'elle reste placée au point de vue de l'individu, postulant des lois qui, ou bien perdent leur sens quand on se place au point de vue de la collectivité, ou ne prennent de sens que par rapport à une structure sociale antérieurement donnée. Exemple du premier cas la loi de l'utilité finale. Exemple du deuxième cas la loi de l'offre et de la demande. Après avoir obtenu un grand succès, la loi formulée par l'école psychologique autrichienne a rencontré des objections graves. Et l'on a souvent fait observer qu'il ne se vérifie pas toujours que le besoin décroisse à mesure que croît la quantité de la chose employée à le satisfaire. M. Simiand s'associe à ces critiques en faisant observer qu'il y a des besoins insatiables, des besoins-passions : il y a des hommes qui peuvent désirer toujours plus d'or, ou même toujours plus de terre. Et le dernier lopin ou le dernier écu leur est aussi précieux que le premier. D'ailleurs, pour savoir si la valeur d'une chose croît ou décroît à nos yeux, il importerait de considérer les rapports de nos divers besoins entre eux et d'établir comment nous les hiérarchisons. Mais par dessus tout il conviendrait de se rappeler que, de par les conditions de la vie sociale, un vêtement, des provisions, un logement, encore mieux la terre et à plus forte raison l'or conservent une valeur durable, même dans le cas où nous n'en pouvons user immédiatement pour notre consommation personnelle. Si nous n'utilisons pas leur valeur d'usage, nous la gardons comme valeur d'échange. Et cela seul modifie toutes les conditions du problème. Cela explique que nous prenions dans la réalité, vis-à-vis de la dernière unité des biens consomptibles, une attitude toute différente de celle que laisserait prévoir la théorie.

Mais plus fondamentale encore est, pour l'application des mathématiques à l'économie, la loi de l'offre et de la demande. C'est en réfléchissant sur la hausse des prix augmentée par la demande et sur leur baisse, augmentée par l'offre, qu'on a été amené à calculer les conditions de l'équilibre sur un marché. Mais on a trop souvent oublié de remarquer que cette loi ne se vérifie qu'à l'intérieur de limites données, dans un cadre déterminé. Il y faut des conditions historiques qui sont loin d'être toujours et partout rassemblées : que des échangistes soient propriétaires, qu'ils aient et la volonté et la faculté d'aliéner par contrat les biens dont ils disposent ; que d'ailleurs ils soient désireux ou contraints par leur situation elle-même d'aboutir, au lieu de rompre le marchandage ; qu'au surplus ils se réfèrent dans leurs estimations à quelques prix déjà réalisés et connus. Ce qui revient à dire que le fonctionnement de la loi en question implique l'existence non seulement de certaines institutions, mais de certaines représentations collectives. « Le vice radical de cette théorie est donc finalement qu'elle nous explique un phénomène de nature sociale par des phénomènes individuels qui justement dérivent de ce phénomène social lui-même. »

Tel serait donc, contre la nouvelle forme de l'économie abstraite, contre l'économie politique mathématique, le grief essentiel : elle ne tient pas assez de compte des faits sociaux, et des faits sociaux qui sont eux-mêmes des variables historiques, puisqu'il peut y avoir diversité et changement dans la structure des groupes.

En cédant à cette pente les sociologues proprement dits seraient donc amenés à faire quelques réserves au sujet des positions prises par M. Rist, dans la préface à ses Essais sur quelques problèmes économiques et monétaires. Nous avons vu que, résumant les théories d'économie pure élaborée par les Walras, les Pareto et leurs successeurs, il en limite tout le premier et la portée pratique et la valeur explicative : elles supposent un cosmos idéal dont rien ne dit qu'il serait pour nous le plus désirable ni qu'il est le plus proche de la réalité. Mais lorsqu'il s'agit d'expliquer cette réalité même, M. Rist marque ses préférences pour une méthode de recherches et pour un type d'explications. L'économiste devrait se donner pour tâche essentielle de comprendre les phénomènes économiques qui se passent sous ses yeux : l'observation des faits présents et l'analyse de leur mécanisme est pour lui ce qu'est pour le médecin l'examen clinique du malade. Il sera d'ailleurs bien vite amené, par cette voie, à constater que les phénomènes économiques sont relativement plus indépendants – notamment à l'égard des phénomènes politiques – qu'on ne le croit généralement. Accélération ou ralentissement de la production, création ou disparition de l'épargne « résultent d'une multiplicité d'actes de volonté par lesquels des individus ou des entreprises en très grand nombre décident, chacun ou chacune en particulier, de travailler ou de suspendre le travail, d'étendre ou de restreindre la production », etc.

Donc des phénomènes de masse, et dont les éléments sont des milliers ou millions de choix, individuels, indépendants, déterminés par l'idée que chacun se fait de son avantage économique en face du mouvement général des prix, telle serait la matière propre de l'économie politique, telles seraient les forces spontanées dont elle aurait à suivre les effets. On reconnaît ici une tendance, non seulement à diminuer la part d'influence de la politique proprement dite, mais d'une façon générale celle de toutes les forces sociales extra-économiques, depuis la structure juridique des sociétés jusqu'aux croyances dominantes, jusqu'aux idées que se font les individus, – parce qu'ils appartiennent à une certaine nation, à une certaine classe, – du niveau de vie qu'il leur paraît légitime de maintenir. On rejoindrait aussi l'homo œconomicus. On donnerait raison à ses théoriciens. Et puisque par hypothèse on s'en tiendrait à l'analyse du présent, on négligerait de mettre en lumière tout le mouvement historique qui a rendu possible cette multiplicité de calculs indépendants où l'on voit le grand ressort de la vie économique actuelle. Nous voici aux antipodes des thèses soutenues par Frédéric Rauh lorsqu'il objectait à M. Landry, auteur d'un *Manuel d'économique* (dans la *Revue de synthèse historique*, d'octobre 1908) « L'homo œconomicus n'appartient pas à la psychologie : c'est un type social et historique né du capitalisme des temps modernes, dans une société fondée sur l'échange, la monnaie et le crédit ». Relativisme réaffirmé par M. Mauss à la fin de ses Essais sur le *Don forme archaïque de l'échange* (*Année Sociologique*, 1925) : « Ce sont nos sociétés d'Occident qui ont, très récemment, fait de l'homme un animal économique... il n'y a pas bien longtemps qu'il est une machine, compliquée d'une machine à calculer. »

M. Rist désavouerait-il ce relativisme ? Pas absolument sans doute. Il est prêt à reconnaître qu'il n'y a « pas de loi économique si l'on entend par là que les mêmes circonstances produiront nécessairement toujours, partout, et sur tout le monde les mêmes effets ». La réaction d'un nègre devant certains événements ne sera sans doute pas la même que celle d'un Européen. Celle d'un Anglais ou d'un Allemand diffère sensiblement de celle d'un Français. M. Rist maintient seulement qu'il y a « dans des groupes humains déterminés des réactions communes à certains événements économiques ». Et c'est à l'esprit sociologique une concession importante. Mais celui-ci voudrait sans doute qu'on mît méthodiquement en relief ce qui, dans les réactions économiques elles-mêmes, est dû à l'action spécifique des groupes, de leurs structures et de leurs tendances propres .

Au surplus l'économie politique pure, déductive ou mathématique, dont nous venons d'éclairer les postulats, n'est qu'une des formes, et non la plus abondamment représentative, de la pensée économique dans la France contemporaine. La plupart des auteurs de Traités ou Cours d'économie politique adoptent, à l'exemple de Cauwès, des manières de présenter et d'expliquer les choses qui les apparentent à la *nationalœkonomie* et à l'économie sociale plus qu'à l'économie abstraite : ils vont donc se trouver spontanément rapprochés de la sociologie.

La Revue d'économie politique n'avait-elle pas été fondée en 1887 pour favoriser ce rapprochement ? Elle protestait contre les conceptions étroites et dures que défendait le Journal des Économistes. Elle accueillait, pour manifester sa largeur d'esprit, à côté des études d'économie politique proprement dites, *des travaux sur le développement des fonctions de l'État dans leur rapport avec le droit constitutionnel, sur l'Inspection du travail en France, sur l'organisation des ouvriers en Angleterre, sur la division du travail au point de vue historique.* Elle affirmait ainsi une double préoccupation : 1° réagir contre le fatalisme économique ; 2° tenir compte de l'évolution, distinguer les formes successives que peuvent revêtir, sous des influences diverses, la production ou la distribution des richesses.

À quelle attitude en matière de science sociale peut conduire cette double préoccupation ? On le verrait, comme en un cas privilégié, dans l'œuvre même de Charles Gide, le principal rédacteur de cette revue, l'auteur du *Traité et des Principes d'économie politique* qui ont nourri tant d'étudiants de divers pays, et le héraut de ce qu'il appela « l'École Nouvelle », dans une conférence retentissante faite à Genève en 1890. Pour « l'École Nouvelle », celle qu'on voit fleurir après un « grand dégel » des vieilles doctrines classiques, l'art, déclare Ch. Gide, est aussi inséparable de la science que l'avenir du passé. L'économiste moderne, après tant de leçons de l'histoire, devra se souvenir qu'en fait de loi naturelle, la principale est une loi d'évolution. Il considérera l'organisation économique d'aujourd'hui comme doublement relative : par rapport au passé qui l'a préparée et à l'avenir qu'elle prépare. Il ne se croira pas obligé de considérer comme éternel ni le salariat, ni le surprofit, ni la monnaie métallique. Et si on lui répète le mot de M. Leroy-Beaulieu observant que les capitaux alimentaient l'industrie des Phéniciens comme celle des Anglais, tout de même que le sang circulait dans les veines des Babyloniens comme dans les nôtres, il ripostera qu'il y a autant de différence entre l'organisation économique des Phéniciens et celle des Anglais qu'il peut y en avoir entre la circulation chez un animal à sang froid et la circulation chez l'homme.

Maintient-on d'ailleurs, avec M. de Molinari, que l'économie politique n'est pas plus l'art d'organiser les sociétés que l'astronomie n'est l'art de faire tourner les planètes ? M. Ch. Gide répond que les lois découvertes par les sciences, formulant des rapports constants entre certains faits, ne démontrent nullement l'éternité de ces faits eux-mêmes, qu'en tout cas vient un moment dans l'histoire des sociétés où l'effort des lois naturelles, si lois naturelles il y a, est méthodiquement limité par l'action de lois positives humaines, visant en effet à sauver l'humanité d'un certain nombre de fléaux parmi lesquels celui d'une concurrence sans règle ni merci. En admettant que l'objet propre de l'économie politique soit de découvrir des lois naturelles, celui de l'économie sociale est de les dépasser en visant à un autre idéal que l'idéal du marchand armé de sa balance, en s'efforçant d'assurer aux travailleurs un salaire plus haut, des loisirs plus longs, un plus haut degré de confort et de sécurité, en défendant par dessus tout les droits du consommateur, à qui tout le reste devrait être logiquement subordonné. En ce sens, si l'économie politique reste une science, l'économie sociale ne se cache pas d'être un art, et même une éthique.

Pareille attitude est-elle faite pour donner toute satisfaction aux sociologues ? Oui et non. Ils ne peuvent qu'applaudir à l'expression d'un relativisme qui montre les formes de la vie économique variant en fonction des réalités sociales. Mais le moralisme d'un Charles Gide, s'il devait dominer, leur paraîtrait de nature à entraîner des confusions de points de vue dangereuses. Non qu'ils pensent que les sciences sociales, une fois constituées, ne rendraient aucun service à la pratique. Bien loin de là. N'est-ce pas Durkheim qui disait que si elle ne devait fournir un point de direction aux sociétés, la sociologie ne lui paraîtrait pas valoir une heure de peine ? Seulement, pour qu'une discipline scientifique devienne un jour vraiment utile, il importe qu'elle soit d'abord et par dessus tout désintéressée. La fécondité en pareille matière a pour condition la pureté. Étant entendu qu'une science sociale pure serait non pas théorie abstraite, mais enquête positive, s'efforçant de dégager, en dehors de toutes préférences et prénotions, les types et lois donnés dans la réalité. C'est ce qu'établit avec force M. Simiand lorsqu'il analyse les transformations que devrait entraîner, dans l'ordre de la science économique, l'introduction d'une méthode vraiment positive. Il faisait remarquer dès 1908 que si l'on prenait au sérieux cet unique postulat : « la science économique a pour objet de connaître et d'expliquer la réalité économique », les deux tiers des travaux, théories et systèmes qui se réclament de cette science en devraient être exclus. La principale raison en est qu'ils mêlent étroitement théorie et pratique, recherche et réforme, et apprécient plus qu'ils n'expliquent. Mélange qui est devenu la règle, depuis la guerre plus encore qu'avant, en raison même de la gravité des « crises » ouvertes pour les sociétés. On court au plus pressé : à l'invention des panacées plus qu'à l'observation des faits. Le normatif l'emporte sur le positif. Il serait pourtant d'une bonne méthode, pour gagner peu à peu sur l'inconnu, d'éliminer préalablement tout finalisme.

On devine que, préoccupé de faire prévaloir ces distinctions, méthodologiques, M. Simiand ne puisse accepter telles quelles les synthèses normatives préparées par M. Ch. Gide au lendemain de ce que celui-ci appelait poétiquement le « grand dégel » de l'économie politique : « ce souffle nouveau qui fait fondre les vieilles doctrines, comme les vieilles neiges, les emporte en torrent et les fait descendre enfin des hauteurs en bas, très bas, pour servir à quelque chose de bon, pour pénétrer dans la vie même des peuples ». Savoir d'abord, répondrait le sociologue positif, afin de prévoir et de pourvoir, c'est entendu. Mais, pour savoir, ne plus mêler pratique et théorie, cause et fin. M. Charles Gide s'efforce sans doute de distinguer (au moins en théorie) entre l'économie politique proprement dite et l'économie sociale : la première relevant les tendances spontanées des producteurs et échangistes, et dégageant les lois naturelles auxquelles elles obéissent, l'autre retenant l'effort réfléchi, rationnel que s'imposent les hommes réunis en société pour réagir contre ce fatalisme à l'aide de lois humaines. Doublement humaines, pourrions-nous dire : 1° parce qu'elles se traduisent par des lois positives, inscrites dans des cadres ou recueils administratifs, aboutissant à des institutions de prévoyance, d'assistance, de politique sociale ; 2° parce qu'elles tendent à faire respecter, grâce à la défense des salaires, du bien-être, des loisirs, les exigences de l'humanité telles que nous les concevons aujourd'hui.

La distinction ainsi formulée entre lois naturelles et lois humaines, remarque M. Simiand, serait plus préjudiciable qu'utile à l'avancement des sciences sociales. Elle tendrait à faire croire que seules les opérations conclues sur le marché entre échangistes sont soumises à des lois et que ces lois sont naturelles. Mais en fait, nous l'avons vu, le jeu même de ces opérations suppose l'existence de certaines institutions sociales, un donné historique qui n'a rien de spécifiquement naturel. D'autre part, pourquoi maintenir qu'est seul naturel le salaire fixé après débat entre l'ouvrier isolé et le patron tandis que, si le syndicat intervient, la hausse du salaire mériterait d'être qualifiée d'artificielle ? Le développement du syndicalisme ouvrier, ou la législation productrice du travail sont des faits à décrire et à comprendre aussi bien que la concentration des entreprises ou la spécification des industries. Les institutions caractéristiques de l'économie sociale, pour réfléchies et rationnelles qu'elles soient, demandent aussi bien que les autres à être l'objet d'études « descriptives, explicatives, et non pas normatives, éthiques, finalistes ». Elles rentrent à vrai dire dans les institutions de la répartition entendue au sens large dont l'étude constituerait, après celle de la production, la deuxième partie d'un traité rationnel d'économie politique.

Comment en effet une classification plus méthodique nous mettrait, en bien des cas, sur la voie des explications et ouvrirait l'économie politique à l'esprit sociologique, c'est ce qu'a montré le même M. Simiand dans ses comptes rendus de l'*Année sociologique*, et dans ses *Cours du Conservatoire des Arts et Métiers*.

Pour la production il rappelle qu'après avoir passé en revue ses branches ou *espèces* classiques (industrie, agriculture, commerce) il importerait d'étudier à part ses régimes, caractérisés par des relations juridiques entre hommes – artisanat, entreprises individuelles, ententes de producteurs, coopératives – et ses *formes*, caractérisées par une certaine organisation technique – production grande ou petite, concentration ou dispersion, à la main ou à la machine. Distinction grosse de conséquences : elle contient en germe une réfutation du matérialisme historique. Elle suppose en effet que les transformations de la technique à elle seule ne créent pas les formes de droit, qu'il n'est pas exact que le moulin à bras « donne » le suzerain et le serf, tandis que le moulin à vapeur « donne » le capitaliste et le prolétaire.

Une étude positive des institutions de la répartition ouvrirait de plus larges perspectives encore aux recherches sociologiques, et leur permettrait de faire entrer en compte d'autres facteurs que les facteurs purement économiques. En observant les classes d'aujourd'hui M. Simiand croit constater que de plus en plus les critères qui permettent de les distinguer sont d'origine économique. Dis-moi de quel revenu, et de quel genre de revenu tu disposes, je te dirai à quelle classe tu as chance d'appartenir. Il reste, d'abord, que longtemps la situation des gens a été déterminée, leur profession leur a été imposée par des organisations sociales autoritaires, obéissant avant tout par exemple à des traditions religieuses, comme il est arrivé pour le régime des castes. Notons ensuite que la façon de dépenser, de hiérarchiser les dépenses est loin d'être en tout et pour tout déterminée par le revenu. Traditions et aspirations autres qu'économiques font ici sentir leur poids. La lutte même pour le salaire n'est nullement liée au souci du minimum vital. L'idée qu'on se fait de celui-ci varie avec les états de civilisation, avec les mouvements de l'évolution. Ce qui revient à dire que l'orientation de la répartition obéit à l'influence, non seulement de certaines institutions, mais de représentations collectives et impératives, avec lesquelles tout économiste doit compter.

Chapitre VII

Sociologie économique (suite)

Vers quelles sortes d'études les préoccupations que nous venons de rappeler orientent-elles les sociologues ? Il est permis d'en juger d'abord par l'œuvre de M. Simiand lui-même. Car il joint l'exemple au précepte. Et les préceptes qu'il nous propose ont le mérite de porter la marque de la pratique dont ils sont issus. Dans les recherches à base de statistique, qu'il consacre au salaire, les règles qu'il s'impose le montrent soucieux d'employer une méthode positive, de découvrir des vérités relatives, de s'appuyer sur des réalités collectives.

La Statistique de l'Industrie minérale en France nous fournit le salaire moyen par service, par journée de travail, par année depuis 1847 pour l'ensemble des mines carbonifères. Il y a là des données exactement comparables, établies avec une précision et une continuité rares. Veut-on profiter de cette aubaine pour laisser parler les faits, pour tirer des conclusions de la comparaison des courbes ? C'est ce que tente M. Simiand dans son étude sur le *Salaire des ouvriers des mines de charbon en France* (1907). Il s'aperçoit bientôt que les hypothèses classiques se laissent difficilement vérifier. Par exemple que nous ferait prévoir ici la loi de l'offre et de la demande ? Que, le nombre des ouvriers augmentant, le salaire doit baisser, que si le nombre des ouvriers diminue, le salaire doit hausser. S'il est vrai qu'entre 1851 et 1854, dans une période de production croissante, le nombre des ouvriers augmentait moins que la production, le salaire haussa – ce qui confirme l'hypothèse – on constate qu'entre 1854 et 1856 le nombre des ouvriers augmentant plus que la production, le salaire haussa encore – ce qui infirme l'hypothèse. Dira-t-on alors que la productivité du travail, l'effet utile qu'il obtient est pour l'établissement du taux des salaires le facteur déterminant ? Mais là non plus, le parallélisme attendu ne se retrouve pas. L'hypothèse est tantôt confirmée, tantôt infirmée selon les périodes. Au total, la même production moyenne n'a pas comporté le même salaire. Il est à prévoir que le coût de la main-d'œuvre, par tonne de charbon produit, étant un élément essentiel du prix de revient, exercera une influence plus directe sur le prix du salaire. Mais les variations de celui-ci sont loin, soit de déterminer, soit de suivre exactement les variations de celui-là. Au fond la force qui mène tout le mouvement, c'est le prix de vente. Quand celui-ci hausse, le salaire moyen par tonne s'élève, le salaire moyen par jour aussi, sans que la production le suive. Que le prix du charbon passe à la baisse le salaire moyen par tonne hausse aussi, la production moyenne par journée s'élève, le salaire par jour se maintient.

Pour rendre raison de ces rapports complexes entre la courbe des salaires et celle des prix, il faut se représenter deux systèmes de tendances en présence, deux volontés de groupes en opposition, qui à de certains moments entrent en composition. Chez les ouvriers comme chez les patrons prime le désir de maintenir le gain auquel on est accoutumé. On cherchera d'ailleurs, d'un côté comme de l'autre, à ne pas augmenter l'effort quotidien. Arrive ensuite la tendance à s'assurer un gain plus grand, et enfin celle à diminuer l'effort. Par le conflit et l'accord de ces tendances, surexcitées ou réfrénées par le mouvement des prix, s'explique finalement le mouvement des salaires. Le dernier moteur du système est d'ailleurs de nature psychologique : certaines habitudes de gain, certaines idées sur le *standing* et non seulement sur le minimum vital, mais sur le minimum décent, sont ici les forces impératives, et ce sont des forces collectives. Les faits objectifs constatés ne peuvent s'expliquer ni par quelque action arbitraire et spontanée, ni par les traits généraux de la nature humaine. L'état d'esprit commun aux membres d'un groupe garde ici le dernier mot, état d'esprit qui peut d'ailleurs varier comme les groupes eux-mêmes, comme les moments de civilisation qu'ils représentent. Et c'est pourquoi si l'on renvoie à M. Simiand, comme l'a fait M. March, l'objection du travailleur nègre, si l'on fait observer que les primitifs sont bien loin de hiérarchiser leurs besoins comme le travailleur anglais, allemand, français, le coup passe à côté de la tête de notre auteur : sa sociologie est par définition assez relativiste pour admettre ces différences, elles-mêmes d'origine sociale.

Au surplus, dans l'enquête plus générale que M. Simiand intitule *Le Salaire, l'évolution sociale et la monnaie*, il aura l'occasion de préciser ce que commande selon lui l'esprit sociologique. Enquête plus générale, puisqu'il ne s'agit plus du salaire des ouvriers dans une catégorie d'industrie, mais encore localisée, puisque l'enquêteur emprunte ses données à l'histoire d'un seul pays, la France, dans la période contemporaine, de la fin du XVIIIe siècle jusqu'en 1930. Champ limité, mais terrain solide. L'auteur se défie des échantillonnages, des exemplifications que favorise l'usage d'une méthode comparative mal entendue : trop souvent celle-ci rapproche des groupes entre lesquels il n'y a pas assez de traits communs pour que le rapprochement soit éclairant. Il vaut bien mieux se cantonner dans une « intégralité indépendante » où l'on jouit d'une « identité de base ». Pour peu qu'il y ait dans le développement d'une société des variations portant sur des ensembles, qui permettent de relever des concomitances, d'assister à des naissances et à des disparitions, à des hausses et à des baisses, c'en est assez pour que le statisticien participe à une véritable expérimentation. Ses moyennes, établies de différents points de vue, lui permettent d'isoler les facteurs, pour discerner ceux qui sont causes véritables. Ainsi nous met-il sur le chemin des connaissances explicatives, se référant à des relations de forme universelle, comme en veut effectivement la sociologie, aussi éloignée des théories sans fait que des faits sans théorie.

Si l'on considère dans l'ensemble le mouvement des salaires en France – la hausse ou la baisse des rémunérations monétaires accordées en échange d'un travail manuel – la confrontation méthodique des statistiques nous invite à distinguer cinq phases : hausse notable entre le début de la Révolution française et le début du XIXe siècle, baisse ou du moins hausse atténuée jusqu'aux environs de 1850, reprise de hausse jusqu'en 1880, atténuation jusqu'en 1900 à peu près, puis hausse jusqu'en 1930, – M. Simiand passe en revue les diverses catégories de faits qui pourraient révéler des variations de même sens : faits démographiques, religieux et moraux, juridiques, espèces, régimes et formes de la production, institution de la répartition, etc.

Et ainsi c'est une véritable Somme, un Traité d'économie politique et sociale qu'il nous offre. Mais c'est un Traité tout entier orienté vers la solution d'un problème. Il s'agit de dégager les faits généraux qui pourraient bien expliquer les fluctuations du salaire. Or, ceux que le statisticien rencontre dans cette revue ou bien sont quasi constants, et leur constance ne saurait rendre compte des variations observées, ou bien ils varient, mais leurs variations ne sont pas de même sens ni de même ampleur que celles du salaire.

Les traits généraux de la nature humaine ne sauraient nous faire comprendre pourquoi l'ouvrier français touche plus d'argent entre 1860 et 1880 qu'entre 1880 et 1900. D'autre part, l'augmentation du machinisme va son chemin tout le long du siècle, coïncidant aussi bien avec les phases de baisse qu'avec les phases de hausse de salaire. De même encore la régression de l'agriculture ne coïncide nullement, comme on pourrait s'y attendre, avec un accroissement du salaire des ouvriers des villes : elle se manifeste en des périodes où le salaire est en baisse, ou du moins est stationnaire. Même les associations ouvrières n'apparaissent pas, à rapprocher les courbes, comme des antécédents spécifiques du phénomène à expliquer : conditions concourantes si l'on veut, mais non cause motrice.

La cause motrice que le parallélisme statistique désigne, c'est le mouvement des prix. Si les prix sont en élévation le salaire, suivant d'ailleurs le mouvement général des revenus, part en hausse, mais jusqu'à un certain niveau : il laisse une marge au profit qui hausse encore plus, relativement, que les prix eux-mêmes. Ceux-ci viennent-ils à baisser, les salaires et profits baissent, mais non sans résistance. La descente comporte des paliers. Et nous constatons que se généralise la tactique constatée dans le cas des mines : chaque groupe s'évertue à maintenir le gain dont il a l'habitude, tout en n'admettant qu'à la dernière extrémité une augmentation de l'effort.

Le mouvement des prix lui-même, dont paraît dépendre le mouvement des salaires, de quoi dépend-il à son tour ? En dernière analyse de la plus ou moins grande quantité de monnaie dont on dispose, que cette monnaie soit d'ailleurs convertible ou non convertible.

Le volume de la monnaie dont on dispose augmente-t-il ? L'espérance gonfle le cœur du producteur. On achète, on anticipe, on entreprend, et du mouvement accru de la production le salarié aussi tire profit, il exige sa part, il obtient un accroissement de salaire. Dispose-t-on de moins de moyens d'achat ? Les restrictions se font bientôt sentir. On s'ingénie sans doute de toutes parts pour conserver les mêmes niveaux de gain. La circulation des affaires est moins rapide et la classe ouvrière, en particulier, résiste tant qu'elle peut pour ne pas voir diminuer ce qu'elle considère comme un salaire vital. Mais la baisse entraîne la baisse. La courbe du salaire s'infléchit, finalement, dans le même sens que celle des prix. Prix et salaires dépendent étroitement du montant des moyens monétaires. Ce « monétarisme social à fluctuations incitatrices » en arrive donc à ce résultat paradoxal de suspendre toute notre évolution économique et sociale à l'histoire d'un outillage technique, la monnaie, et aux accidents de cette histoire.

M. Simiand lui-même se plaît à faire sentir le caractère troublant de cette conclusion lorsqu'il déclare au début de son livre : « Ce qui, aux XIXe et XXe siècles, est à l'origine de l'élévation des salaires, et plus largement d'une orientation générale favorable dans le développement économique tout entier, ce n'est pas la constitution même du système économique, ce n'est pas la liberté économique, ce n'est pas les transformations techniques, ce n'est pas le capitalisme, ce n'est pas le socialisme : c'est la découverte et l'exploitation des mines d'or de Californie puis de celles du Transvaal et du Klondyke. Et subsidiairement au début du XIXe siècle, comme encore en les deuxième et troisièmes décades du XXe, c'est ce que l'on dénomme communément « l'inflation fiduciaire ».

Un historien rendant compte des travaux de M. Simiand écrit à ce propos : (M. Marc Bloch, dans la *Revue Historique*, janvier-février 1934) « scruter en sociologue les causes de quelques-unes des plus vastes transformations sociales qui se puissent imaginer, et de couche en couche aboutir à découvrir, au plus profond de la fouille, un accident aussi contingent à première vue que la naissance de Cromwell, Napoléon ou le grain de sable, l'aventure, avouons-le, a de quoi faire rêver ». Du moins, la position de Simiand paraîtrait-elle ici se rapprocher de celle de M. Seignobos, dont il discutait naguère les tendances avec vivacité devant la *Société française de philosophie* (mai 1906) ou dans la *Revue de Synthèse historique*. M. Seignobos attribue à des accidents (habileté de conspirateurs ou maladresse de gouvernants), l'évolution politique de l'Europe contemporaine. Des accidents analogues (découvertes de mines ou émission de papiers) expliqueraient selon M. Simiand l'évolution économique de la France contemporaine. Comment M. Simiand se tire-t-il de ce pas ? Son ambition reste de ne pas nous offrir

105

uniquement des explications d'historien, liaisons empiriques de particulier à particulier. Il a soif de rationnel : il entend dégager des relations universalisables et intelligibles. Comment est-ce ici possible ?

La découverte d'une mine, ou bien des mesures d'inflation fiduciaire, ces « faits événementiels » comme dit M. Simiand – se souvenant ici peut-être de la distinction proposée par P. Lacombe entre événement et institution – sont bien loin de produire automatiquement la hausse des prix et des salaires.

L'auteur ne dirait pas, comme naguère Durkheim parlant de la Division du Travail : « Tous ces changements sont donc produits mécaniquement par des causes nécessaires. » Par la façon même dont les niveaux des prix et des salaires s'établissent, il nous est rappelé que des hommes sont ici les intermédiaires, et qu'ils réagissent devant les événements et leurs conséquences selon certaines traditions ou aspirations qui leur sont communes. Ce sont ces forces psychiques, mais collectives qui sont ici les déterminantes indispensables. La hausse des prix n'amènerait pas à sa suite la hausse des salaires si l'on ne sentait à l'œuvre une poussée ouvrière, elle-même suscitée et prolongée par l'idée que la classe des salariés se fait du *standing* qui lui est nécessaire. L'évolution économique suppose donc une psychologie, mais conditionnée. Nous voyons bien ici en action un homo œconomicus, mais un homo œconomicus qui est un produit historique en même temps qu'une réalité sociale. Il a été amené à estimer son travail en monnaie, dans une forme de richesse qui lui permet d'escompter l'avenir. Ce qui suppose tout un réseau non seulement d'habitudes, mais d'institutions, tout un état de civilisation .

Cet état étant donné, la monnaie se présente comme un instrument indispensable. Par nul autre moyen, semble-t-il, on n'aurait pu inciter l'homme d'aujourd'hui à développer au maximum l'industrie en période de hausse comme à faire tous ses efforts pour en maintenir les conquêtes et en ralentir le déclin en période de baisse. En ce sens on pourrait dire non seulement qu'un intérêt social, mais qu'une raison collective préside à ce mouvement rythmique, inexplicable au premier abord à l'individu, et inexplicable en effet par l'individu. Les régularités constatées seraient donc généralisables, puisque fondées en raison. La liaison décelée par les statistiques n'apparaît plus comme accidentelle : « c'est une relation qui s'établit en vertu de propriétés générales et caractéristiques du système économique d'échange complexe et échelonné, lequel est jusqu'ici le système le plus avancé dans l'évolution économique. En ce sens et pour autant, cette liaison et ce résultat nous apparaissent irrationnels », selon la définition positive de ce terme ».

À plusieurs reprises, nous avons vu M. Simiand insister sur la puissance déterminante que représentent, au milieu de tant de forces qui agissent en sens divers sur la vie économique, les conceptions que se font les groupes des niveaux de vie auxquels leurs membres doivent se maintenir. C'est précisément à l'étude de ces conceptions que s'est consacré M. Halbwachs dans ses travaux de sociologie économique. En quoi faisant il répondait du coup au vœu de Charles Gide rappelant que la consommation, *terminus ad quem* de la production, devrait être aussi le principal objet de réflexion des économistes.

Dans une première étude sur *la classe ouvrière et les niveaux de vie*, M. Halbwachs utilise deux statistiques se rapportant à la classe ouvrière en Allemagne. L'Office impérial allemand de statistique d'une part, l'Union des travailleurs de métaux en Allemagne d'autre part, ont pu analyser en 1909 plusieurs centaines de budgets de familles, de comptes tenus jour par jour d'un bout de l'année à l'autre. Mieux que les monographies chères à Le Play, qui nous font pénétrer dans le détail pittoresque de la vie de quelques familles, ces confrontations de statistiques, en nous permettant d'établir des moyennes, nous aident à comprendre comment les membres d'un certain groupe hiérarchisent leurs dépenses. Et c'est peut-être le plus sûr moyen de saisir la réalité intime des classes.

Une classe ne se définit ni par la seule profession ni par le seul revenu comme paraît l'accorder Karl Bücher. Mais la façon dont elle organise son budget, la quantité et la qualité de consommations qu'elle se permet ou s'interdit, nous renseignent sur la place qu'elle occupe dans la hiérarchie sociale. Toutes les classes sans doute, parce qu'elles font partie d'une même société, entrevoient plus ou moins clairement un même idéal de vie. Et ceux-là sont regardés comme supérieurs qui, engagés dans un nombre considérable de relations, mènent, à l'intérieur du cadre général, la vie sociale la plus intense qu'on puisse se représenter. Que ce soit la religion qui prime, ou la politique, ou les affaires, toujours une certaine manière de vivre apparaît comme la plus conforme aux aspirations de la société en général. Et elle est la marque de la sphère supérieure que tous regardent, où tous voudraient pénétrer. Mais il y a des groupes que leur genre de vie tient fort éloignés en fait de ces hauteurs : soit en raison de la faiblesse des revenus qu'ils obtiennent, soit en raison de l'intensité et des modalités du travail auquel ils sont soumis, ils se trouvent comme mis à l'écart de la société véritable. Et cette infériorité se traduit jusque dans leurs livres de comptes : si l'on compare des ouvriers proprement dits soit aux ruraux, soit aux employés, on s'apercevra que le travailleur d'usine est assujetti et en quelque sorte rivé, par son travail même, à une certaine conception de la vie qui le détourne de certaines valeurs morales. Pour les ruraux qui vivent d'ailleurs, même dans leurs villages, comme éparpillés sur la terre, vie domestique et vie professionnelle sont intimement mêlées. Leur maison, qu'ils ne séparent pas de leur bien, est leur centre de travail en même temps que leur lieu de repos. L'employé, une fois ses heures de bureau terminées, se croit tenu à un certain *standing*, et le souci du décorum est sensible jusque dans l'appartement où il aime à retrouver les siens.

Mais l'ouvrier, en lutte tout le jour avec la matière inanimée, agissant moins sur les hommes que sur les choses, est comme isolé dans cette lutte même ; n'est-il pas, au vrai séparé de la société quand il travaille ? Appendice de la machine, observait Marx, véritable outil à manier des outils, on pourrait dire qu'il se déshumanise. La mécanique, dit M. Halbwachs - se souvenant ici moins de Marx que de Bergson - pénètre dans le vivant et en chasse jusqu'au désir de s'élever aux véritables joies de la vie sociale. Exclu des biens supérieurs, incapable d'y accéder, renonçant bientôt à les désirer, il est sevré des enrichissements que la civilisation ajoute à la vie organique. Comme milieu, la rue lui suffit, qui est encore toute mêlée des choses de l'usine où l'individu - M. Halbwachs va jusque-là - n'est encore qu'un morceau de matière en mouvement. Tout asservie qu'elle ait pu être à la matière, cette force, dira-t-on, a pourtant été dans l'usine coordonnée avec d'autres. Les ouvriers ont travaillé en équipes. Ils se sont senti les coudes. Ils ont goûté du moins la fraternité du travail. Mais il semble que ces modes d'association active ne soient pas, aux yeux de M. Halbwachs, la vie sociale digne de ce nom, qui implique sociabilité, et d'abord jouissance des relations interindividuelles pour elles-mêmes, telles qu'on les peut trouver par exemple, dans la vie de famille. Or c'est justement ce dont l'ouvrier, semble-t-il, se soucie le moins. L'usine aurait tué jusqu'au goût du home. Par cet état d'esprit collectif, lui-même lié à une situation sociale déterminée, M. Halbwachs pense expliquer un fait singulier que lui révèle la confrontation des statistiques allemandes : à savoir que les membres de la classe ouvrière dépensent moins, en moyenne, que les autres, même à revenu égal, pour leur logement ; notamment ils dépensent moins pour ce chapitre que les employés dont les appointements pourtant ne sont pas toujours supérieurs à leurs salaires. Il faudrait donc sur ce point rectifier une des lois proposées par Engel dans ses études de 1883 sur le prix de la vie des hommes. Comparant les grandes catégories des dépenses des ménages – dépense-aliment, dépense-vêtement, dépense-logement, dépenses-diverses – il avait cru observer que la proportion des dépenses pour le logement – et non pas seulement pour le vêtement – resterait approximativement la même pour toutes les catégories de revenus. M. Halbwachs au contraire observe que dans les ménages vivant du salaire ouvrier, si le salaire augmente on consacre plus d'argent à la nourriture, mais on n'en met pas beaucoup plus de côté pour le loyer. « Presque toujours le rapport de la dépense-logement à la dépense totale varie en sens inverse du rapport de la dépense-nourriture à la dépense totale. » D'où M. Halbwachs conclut que de tous les besoins économiques ressentis par les ouvriers, c'est le besoin-logement qui se trouve le moins développé. Vérification, par les chiffres, de l'analyse de psychologie sociale à laquelle il s'est livré. Le genre de vie serait donc déterminé avant tout par le genre de travail. Le rôle d'un homme dans la production permettrait de prévoir sa manière de hiérarchiser ses consommations.

Avant d'adopter telles quelles ces conclusions, on souhaiterait sans doute une enquête plus large portant sur les conditions de la vie ouvrière en différents pays, et à divers moments de l'évolution. M. Halbwachs nous offre cet apaisement dans un livre plus récent, portant justement sur l'*évolution des besoins dans les classes ouvrières*. Avec les résultats de l'enquête menée par l'Office de Statistique du Reich en 1907 il peut comparer les résultats d'une autre enquête menée par le même Office vingt ans après et portant sur 2.000 familles. Diverses enquêtes poursuivies par le *Bureau of Labours Statistics* depuis la guerre lui procurent des renseignements précis sur les budgets de plus de 13.000 familles. Qu'on y ajoute les informations rassemblées par la *Statistique générale de la France* sur le salaire et le coût de l'existence jusqu'en 1910, ou les contributions du *Bureau international du Travail* à « l'étude de la comparaison internationale du coût de la vie », en 1923, on pourra peut-être se faire une idée des tendances communes, en matière de dépenses, aux groupes qui se trouvent dans la même situation économique et sociale.

Or M. Halbwachs voit confirmées les remarques qu'il avait faites dans sa thèse de 1913, en dépit des changements que les contrecoups de la guerre ont pu apporter dans les revenus des classes ouvrières. C'est ainsi qu'à comparer les logements d'employés aux logements d'ouvriers d'après les enquêtes américaines on constate que si la surface disponible est en moyenne de 100 par habitant parmi les ouvriers on trouve 154 pour les employés. Dans l'ensemble, les familles des employés, pour des familles qui comptent d'ailleurs moins d'enfants, ont toujours des dimensions plus grandes, et l'emportent aussi en qualité de plus en plus à mesure que les revenus augmentent. Non seulement les ouvriers dépensent moins en proportion et en montant absolu, mais ils sont, pour le même loyer, moins bien logés. Il semble bien que l'ouvrier continue à attacher moins d'importance à ses conditions de logement.

L'auteur relève toutefois des exceptions à la règle. L'enquête Ford permet de constater chez beaucoup d'ouvriers de Détroit une forte dépense-logement. Mais il faut dire aussi qu'à ce moment, un gros afflux d'ouvriers s'étant produit, le nombre des candidats à un logement se multipliait plus vite que les logements eux-mêmes. M. Halbwachs le reconnaît d'ailleurs volontiers : quelque lourdement que pèse sur le niveau de vie et le genre de vie l'influence de la profession ouvrière, il n'est pas douteux qu'une assez grande variété subsiste dans les budgets. Les familles ouvrières n'ont pas toutes les mêmes origines. De leur milieu antérieur, paysan ou artisan, elles peuvent conserver plus d'une habitude, plus d'un goût qui les différencient. Et d'autre part, les progrès de l'industrie, dans leurs milieux nouveaux, leur ouvrent des perspectives, leur offrent des possibilités qui ne peuvent pas ne pas modifier, pour peu que l'élasticité du salaire s'y prête, leur mode de consommation.

On a bien des fois commenté les résultats de l'enquête Ford, au chapitre des dépenses diverses. Sur les 100 familles étudiées, 30 avaient une radio, 13 un piano, 45 un phonographe, 51 une machine à laver, 98 un fer électrique, 6 un appareil électrique pour griller des toasts, 97 avaient des tapis dans leur living-room et 90 dans leur salle à manger, 47 enfin possédaient une automobile.

Si les hauts salaires avaient duré et que d'autre part les logements accessibles se fussent multipliés, croit-on que les ouvriers capables d'augmenter ainsi leurs dépenses diverses se seraient arrêtés en si bon chemin ? Ne seraient-ils pas devenus exigeants à leur tour en matière de confort intérieur ? Sur ce point aussi n'auraient-ils pas voulu se sentir à la hauteur des classes qu'ils se représentent comme supérieures, et qui souvent, en matière de dépenses, sont des initiatrices ? L'uniformisation fait des progrès presque partout, non seulement en matière d'alimentation, mais en matière de vêtement. S'arrêtera-t-elle au seuil des logements ? Il est permis d'en douter. Aux forces qui différencient les classes, d'autres s'opposent qui tendent à les assimiler. Des modes universelles sont capables de refouler les coutumes spéciales. Du moins, si cette circulation rencontre des « barrières », peut-être celles-ci tiennent-elles moins aux différences de revenus ou même aux différences de profession qu'aux différences de culture, aux différences d'éducation, comme l'a montré M. Goblot dans son ingénieuse étude sur la *Barrière et le Niveau* ?

En tout cas, ce n'est pas à des forces mécaniques qu'on a ici affaire. Vainement voudrait-on ne considérer dans l'homme qu'un moteur, à entretenir par un certain nombre d'unités d'énergie que la science déterminerait. « À chaque époque, remarque justement M. Halbwachs, c'est dans la pensée et l'opinion des groupes ouvriers, c'est dans l'opinion et l'exemple que se fixe l'idée du nécessaire et qu'on le conçoit d'après les habitudes acquises et les progrès réalisés jusqu'à ce moment » (p. 128).

Par où l'on voit que la tendance de ses études rejoint celle des études de M. Simiand, et qu'elles sont les unes et les autres imprégnées de l'esprit sociologique tel que nous l'avons défini. Nos deux sociologues-économistes insistent sur la nature collective des réalités d'ordre psychologique qui sont comme les substrats de la vie économique, – substrats d'ailleurs plus ou moins mobiles, variant avec les époques de la civilisation et la structure des sociétés.

Conclusion

Dans une revue si rapide nous ne saurions nous flatter d'avoir énuméré tous les gains que les sciences humaines en France doivent à la sociologie telle que nous l'entendons. Il va de soi que l'esthétique par exemple, a subi cette influence enrichissante, comme le prouveraient, non pas seulement les travaux spéciaux de M. Lalo sur *L'Art et la Vie sociale*, mais tel article de M. Hourticq ou telle préface de M. Focillon. Cette même influence serait plus visible encore dans le monde de la linguistique : les travaux de M. Meillet, de M. Vendryès, de M. Brunot, de M. Delacroix, accordent une part plus ou moins large, mais accordent tous une part croissante au social dans la genèse et les transformations des parlers ; et l'on sait que M. Meillet a appuyé de son autorité les efforts de l'*Année sociologique*. C'est de ce côté, au confluent de la linguistique et de la sociologie, que le fils d'Émile Durkheim, s'il n'avait pas été comme tant de collaborateurs de l'*Année* emporté par la guerre, aurait poussé ses recherches. Pour les études de technologie enfin, si elles sont moins développées en France qu'en d'autres pays, on trouverait en les rapports du technique et du social, dans des ouvrages de M. Weber sur le *Rythme du progrès*, de M. Hubert sur les Celtes ou dans ceux de M. Abel Rey sur *La Science dans l'Antiquité*, maintes indications qui attestent la fécondité des pressentiments d'Alfred Espinas, auteur des *Origines de la Technologie*, et qui fut en cette matière aussi un initiateur.

Mais une autre section de la sociologie mériterait, par les problèmes qu'elle pose, une étude à part ; c'est celle qui touche à la science des mœurs. Comment concevoir les rapports de la sociologie et de la morale ? Cela doit-il remplacer ceci, et de quelle manière ? C'est à ce détour surtout que les philosophes attendent les sociologues, pour jauger leur œuvre. Et en raison des répercussions pédagogiques, voire politiques, des thèses qui s'affrontent, le débat a pris chez nous une ampleur symptomatique : le compte rendu en emplirait des volumes.

On se souvient que dès 1903 M. L. Lévy-Bruhl avait méthodiquement opposé la science positive des mœurs à la morale théorique. Celle-ci postule une nature humaine toujours et partout la même ; elle pose volontiers des principes universels d'où elle déduirait les devoirs particuliers des hommes. Mais si l'on se retourne, sans prénotion, vers les faits de la vie morale, on s'aperçoit que les pratiques priment les théories. Celles-ci, partant de principes divers, rejoignent comme elles peuvent les devoirs qui sont donnés d'abord, et qui s'imposent dans la réalité historique. Or, ces devoirs eux-mêmes, la façon dont ils sont hiérarchisés, les systèmes qu'ils forment – les « Tables des valeurs » comme on aime à dire depuis Nietzsche – varient selon les structures et les tendances des groupements humains. Le moral serait donc encore du social cristallisé.

La thèse d'Émile Durkheim sur la *Division du Travail social* tendait, à propos d'un exemple particulier vers des conclusions analogues. Elle veut être avant tout une recherche de sociologie morale. Le problème pratique qu'elle pose, c'est de savoir si oui ou non nous devons céder à cette tendance à la spécialisation que nous sentons si puissante autour de nous. Or la division du travail n'entraîne pas seulement les conséquences économiques sur lesquelles on a tant de fois insisté : elle remplit une fonction morale. Solidarisant ceux-là même qu'elle spécialise, et qui se complètent dans la mesure où ils diffèrent, elle accroît la cohésion sociale. Mais le maintien de cette cohésion est en fait la fonction propre des règles morales. On n'en connaît pas, pense Durkheim, qui ne concernent que l'individu, seul ou l'univers entier. Toutes ont pour objet, directement ou indirectement, soit par les institutions qu'elles maintiennent, soit par les habitudes qu'elles développent, l'entretien de la vie des groupes. Ce qui reste, c'est que les manières de vivre de ces groupes peuvent différer, et que par suite les représentations collectives qui y prédominent insistent ici sur une valeur morale et là sur une autre. Ainsi la division du travail rend possible une morale de la coopération, admettant des différenciations individuelles que la conscience collective, dans sa force primitive, n'aurait pas tolérées. Mais enfin, ici comme là le social commande, le moral suit.

Quelle levée de boucliers devait susciter ces thèses dans le camp des purs philosophes, on le devine. La « science des mœurs » a été criblée de flèches. On a vivement protesté contre ses prétentions, non seulement au nom de la morale personnelle, mais au nom de la logique elle-même. Celle-ci ne nous rappelle-t-elle pas que les jugements de réalité sont formellement distincts des jugements de valeur ? Des uns aux autres, pas de déduction possible. Les constatations des sociologues ne sauraient donc engendrer de prescriptions : elles ne nous offrent pas le moyen de choisir entre les devoirs. Si d'ailleurs il fallait chercher dans le seul terreau social la racine de la noble tige dont parlait Kant, ses fruits ne perdraient-ils pas toute saveur pour les âmes éprises d'idéal et soucieuses de vie intérieure ?

Il va sans dire que les croyants, dans cette bataille, devaient voler au secours des philosophes. Car si la sociologie durkheimienne professe le plus grand respect pour les représentations religieuses dans lesquelles elle montre en effet, bien loin d'y voir des illusions malfaisantes, les premiers tuteurs de la morale, il n'en reste pas moins que dogmes et rites, dans ce système, tirent toute leur force du substrat social dont ils émanent. Ce sont désormais plantes grimpantes et non plus aérolithes. Ils ne jouissent donc plus que d'une valeur d'emprunt. Au surplus, Durkheim lui-même devait marquer, dans les premiers chapitres de l'*Éducation morale*, le moment où la morale, retournant en quelque sorte vers ses sources, peut et doit s'appuyer directement sur la réalité sociale, sans l'intermédiaire des traductions religieuses : justification inattendue du « laïcisme » qui faisait paraître spécialement redoutable l'introduction, dans les programmes de sociologie des Écoles Normales d'instituteurs, d'un paragraphe sur « la Religion, la Science et l'Art au point de vue sociologique ».

Il n'est donc pas étonnant qu'on se soit réjoui, en divers milieux, de pouvoir opposer à l'attitude de Durkheim l'autorité de Bergson. Le dernier livre de celui-ci venait à point nommé. Dans les *Deux sources de la religion et de la morale*, ne vengeait-il pas l'une et l'autre, semblait-il, des assauts d'un sociologisme qui n'est que le masque du positivisme, sinon du matérialisme le plus étroit ? Antithèse un peu simpliste, cela saute aux yeux. Car dans cet ouvrage comme dans les précédents, Bergson fait la part assez belle aux explications sociologiques. Et c'est plutôt aux prétentions de l'intellectualisme en matière de morale qu'il en a. Il reconnaît, il proclame volontiers que les consignes morales traduisent essentiellement les besoins impératifs des sociétés. Mais il est vrai qu'il ne s'agit alors que des « sociétés closes », prêtes à rassembler leurs forces en se dressant contre l'étranger. Pour que s'institue une morale vraiment humaine, unissant au culte de la personnalité le souci de l'universalité, il faut les intuitions, les inventions des héros qui retrouvent, sous la couche de feuilles mortes déposées par les sociétés, le courant profond de la vie.

On pourrait discuter ce dualisme lui aussi. Croit-on que le sociologue n'aurait pas quelque explication à proposer pour le passage des « sociétés closes » aux « sociétés ouvertes » ? L'élargissement des murs de la morale n'est-il que miracle ? Les transformations que les sociétés subissent dans leur structure et leurs tendances, pourraient, au moins en partie, en rendre compte.

Mais que ces explications soient valables ou non, vérifiables ou non, ce qui importe au moraliste, ce sont les prescriptions qui lui permettront de choisir, le cas échéant, entre l'esprit des « sociétés closes » et celui des « sociétés ouvertes » ? Or, c'est ce que vous êtes impuissant par définition à nous donner. Par cela même qu'elle veut être objective, la sociologie n'a pas de drapeau à déployer, pas de consigne à formuler.

Ce débat philosophique sur la capacité ou l'incapacité morale de la sociologie ne saurait selon nous être tranché *a priori*. Ce serait à l'expérience de répondre. Des études positives, portant sur les mœurs et leur évolution dans différentes sociétés, influeraient-elles ou non sur l'orientation de notre conduite ? Il faudrait que ces études fussent singulièrement plus nombreuses et mieux coordonnées qu'elles ne le sont aujourd'hui pour qu'on en pût décider à l'usage. La tour n'est pas assez haute, nul ne peut dire jusqu'où rayonnera sa lumière. En attendant, les quelques travaux de sociologie morale publiés en France, depuis le moment où M. Lévy-Bruhl lançait son programme, permettent de constater que leurs résultats ne sauraient être sans aucun effet sur l'homme moral qui réfléchit et entend tenir une conduite rationnelle. Quand Durkheim dégageait les conclusions de comparaisons statistiques auxquelles il s'était livré à propos du taux des suicides dans les différentes sociétés, il en résultait un conseil pratique : si vous voulez que les suicides ne se multiplient pas, évitez le désencadrement des individus ; à défaut de groupement domestique, cherchez-leur des points d'appui dans le groupement professionnel. Lorsque plus tard Paul Lapie, dans le livre intitulé, *La Femme dans la famille*, déterminait sous quelles influences varient dans l'histoire la valeur reconnue et par suite les droits accordés à la femme, les féministes d'aujourd'hui pourraient tirer argument de ces indications : les conditions qui expliquaient la mise en tutelle de la femme, – quand la famille était à la fois groupe religieux, politique, professionnel – n'ont-elles pas aujourd'hui disparu l'une après l'autre ? Enfin lorsque nous cherchions, dans les transformations de la structure des sociétés occidentales, les raisons profondes du succès des *Idées égalitaires*, cela donnait à penser que quiconque dénie toute valeur à ces idées et s'efforce d'en prendre le contre-pied, s'attache à une cause anachronique : n'a-t-il pas contre lui, comme l'indiquait déjà Tocqueville, un irrésistible courant d'histoire ? Plus récemment, M. Albert Bayet abordait, mais d'un autre biais, le même problème du *Suicide* qui avait occupé Durkheim. En opposant à la « morale simple », qui condamne sans rémission ni distinction tout suicide quel qu'il soit, la « morale nuancée » qui distingue, atténue, excuse, celle-ci valable pour les élites tandis que l'autre était appliquée aux masses populaires, il nous incline à conclure que les préceptes absolus de nos traités de morale, à plus forte raison les prescriptions sévères de nos Codes, voudraient être humanisés : il serait temps de les harmoniser avec le progrès de la conscience collective, telle que nous permet de les entrevoir non seulement l'étude des lois et coutumes, mais celle des romans, des pièces de théâtre, de tout ce qui nous renseigne sur le mouvement des valeurs morales.

Ces quelques exemples suffisent à le prouver : des études de fait qui nous renseignent sur les tenants et aboutissants de telle règle, de telle pratique, de telle tradition, de telle aspiration ne laisseraient pas d'exercer quelque influence sur notre attitude morale elle-même. Mais hâtons-nous de le reconnaître : une influence de ce genre suppose, dans les esprits où elle s'exerce, certaines volontés, certains sentiments préalables, autres que le désir pur et simple de connaître les choses telles qu'elles sont. L'archet de la science ne fera rien vibrer si le violon n'a pas de cordes tendues. Dans les exemples que nous avons choisis, on voit clairement que des raisonnements à base sociologique ne possèdent d'efficacité morale que s'ils rencontrent, dans les esprits auxquels ils s'adressent, des tendances comme la volonté de vivre et de vivre en groupe, celle d'être logique, celle encore d'utiliser les données historiques et de nager, comme disait Saint-Simon, dans le sens du courant. Ce qui revient à dire que nos inductions n'auraient aucune chance d'exercer une action si nous ne trouvions en face de nous, non seulement des raisons raisonnantes, mais des consciences vivantes.

Mais quand ces consciences sont acculées à choisir entre les tendances qui cohabitent en elles, une science objective, si étendue qu'elle soit, leur donnera-t-elle le mot de passe, le critère de choix ? Et ne faut-il pas en dernier ressort, l'intervention d'une philosophie permettant de rattacher une conception de la vie à un jugement d'ensemble sur la totalité du monde ? En attendant une science totale – peut-être irréalisable, en tout cas loin d'être réalisée aujourd'hui – nous admettrions volontiers pour notre part qu'une philosophie garde son rôle à jouer : et s'il est vrai qu'il faut toujours, finalement, opter pour une solution des énigmes, la philosophie offre à la morale, à défaut de démonstrations qui justifient l'action par a + b, des raisons d'opter.

Mais le sociologue, en tant que tel, ne saurait élever si haut son ambition. Quelles que soient les solutions métaphysiques qu'une philosophie pense proposer pour l'énigme du monde, il maintient que la connaissance objective du milieu où nous vivons – une connaissance qui s'efforce non seulement de le décrire, mais de le faire comprendre par les comparaisons qui s'imposent – est en tout cas utile à l'orientation de notre conduite. Est-il indifférent à l'homme en marche d'avoir repéré le terrain ?

D'ailleurs, quand bien même les inductions du sociologue ne suffiraient pas à nous guider, les habitudes d'esprit qu'il contracte et contribue à répandre, pour établir ces inductions, ne sont-elles pas génératrices d'un nombre appréciable de vertus, de la sincérité à la tolérance, fort précieuses pour les sociétés modernes ? En admettant que la sociologie soit incapable de bâtir sur les faits un système de morale, il y a une *Morale de la science*, comme dit M. Albert Bayet, il y a une moralité de l'esprit scientifique que la sociologie concourt à développer en rappelant que cet esprit doit s'étendre, enfin, à l'explication des choses humaines. Par ces diverses considérations s'expliquent sans doute les espoirs qui conduisirent M. Paul Lapie, directeur de l'enseignement primaire et collaborateur de l'*Année sociologique*, à introduire dans les écoles où se forment les futurs instituteurs, des « notions de sociologie appliquées à la morale et à l'éducation ».

Il voyait, dans l'espèce d'histoire comparée des sociétés qu'était pour lui aussi la sociologie, non pas une panacée, mais un réducteur précieux, il comptait qu'elle pourrait remédier, en matière morale, à ce qu'on a appelé l'absolutisme primaire, en inoculant à l'esprit laïque une forte dose d'esprit positif.

Mais quoi qu'il en soit de ces considérations pratiques, l'essentiel aux yeux de l'équipe qui a le plus travaillé à développer en France l'esprit sociologique, c'est que cet esprit démontre sa fécondité par les vérités qu'il dégage et par les recherches qu'il provoque. Quand le sociologue poursuit son objet propre, en cherchant à établir et à comprendre ce qui fut ou ce qui est, le souci de ce qui doit être lui est plus dangereux qu'utile.

Et il n'a pas à s'inquiéter des contrecoups pratiques des propositions vérifiables qu'il travaille à établir. Par cela même que les sciences sociales traitent souvent de sujets passionnants, qui mettent en question la destinée des groupes humains, elles ne sont que trop exposées à l'attrait des théories tendancieuses. Il est temps, pour transposer un mot de L. Liard, après la guerre de 70, qu'elles prennent un bain d'objectivisme.

C'est à ce point de vue que se sont systématiquement placés nos sociologues, reprenant à leur manière la lutte contre la tradition qui veut que le monde humain échappe aux lois saisissables par la science. En réaffirmant le postulat positiviste et en s'efforçant de prouver par leurs conquêtes la valeur « heuristique » de leurs idées directrices, ils ont amené nombre de philosophes à réagir, ils les ont incités aussi à réfléchir sur les positions classiques de la philosophie en France ; ils ont ainsi contribué, tout au moins par les problèmes qu'ils ont posés en termes nouveaux, à enrichir l'enseignement philosophique. Mais d'autres résultats, plus modestes en un sens, leur importent davantage : ceux qu'on obtient en faisant converger, pour la mise en lumière d'un certain nombre de types et de lois, les résultats des disciplines qui s'attachent à l'étude des hommes associés.

Après notre rapide revue des résultats dus aux interventions de l'esprit sociologique en psychologie ou en ethnologie, en géographie humaine ou en histoire, en science du droit ou en économie politique, on jugera sans doute que cet effort n'a pas été vain.